Cabinet de feu M. A. V., Architecte

ESTAMPES

Maîtres anonymes et à monogrammes

ŒUVRES

D'ANDROUET DU CERCEAU

**ALDEGRAVER, BEHAM, DE BRY, A. DURER
CALLOT, LABELLE, ÉTIENNE DE LAULNE, LE CLERC
LUCAS DE LEYDE, G. PENCZ, SCHONGAUER
VIRGILE SOLIS, WOEIRIOT**

ORNEMENTS

A l'usage des Bijoutiers, Émailleurs, Orfèvres, etc.

LIVRES A FIGURES

ARCHITECTURE, LITTÉRATURE, BEAUX-ARTS & CATALOGUES

EXPOSITION PUBLIQUE le Mardi 15 Juillet 1862

VENTE

Les Mercredi 16, Jeudi 17 et Vendredi 18 Juillet

M. DELBERGUE-CORMONT   M. VIGNÈRES
COMM.-PRISEUR   MARCHAND D'ESTAMPES

CATALOGUE

DU

Cabinet de feu M. A. V., architecte

ESTAMPES

Maîtres anonymes et à monogrammes

ŒUVRES

D'ANDROUET DU CERCEAU

**ALDEGRAVER, BEHAM, DE BRY, A. DURER
CALLOT, LABELLE, ÉTIENNE DE LAULNE, LE CLÈRE
LUCAS DE LEYDE, G. PENCZ, SCHONGAUER
VIRGILE SOLIS, WOERIOT**

ORNEMENTS

A l'usage des Bijoutiers, Émailleurs, Orfèvres, etc.

LIVRES A FIGURES

ARCHITECTURE, LITTÉRATURE, BEAUX-ARTS & CATALOGUES

DONT LA VENTE AURA LIEU, PAR SUITE DE DÉCÈS

HOTEL DES COMMISSAIRES-PRISEURS

RUE DROUOT, N° 5

SALLE N° 3, AU 1er ÉTAGE

Les Mercredi 16, Jeudi 17 et Vendredi 18 Juillet 1862

A 1 HEURE PRÉCISE

Par le ministère de Me **DELBERGUE-CORMONT**, Commiss^{re}-Priseur,
rue de Provence, 8,
Assisté de **M. VIGNÈRES**, Marchand d'Estampes,
rue de la Monnaie, 13, à l'entresol; entrée rue Baillet, 1,
Chez lequel se distribue le Catalogue.

EXPOSITION PUBLIQUE

Le MARDI 15 Juillet 1862, de une heure à quatre heures.

PARIS — 1862

ORDRE DES VACATIONS

PREMIÈRE VACATION.— *Mercredi 16 Juillet 1862.*

Maîtres anonymes . . . . 1 à 70
Livres à figures et autres. . . . . 572 à 743

DEUXIÈME VACATION. — *Jeudi 17.*

OEuvres des Maîtres. . . . . 71 à 323

TROISIÈME VACATION. — *Vendredi 18.*

OEuvres des Maîtres. . . . . 324 à 571
L'OEuvre de Callot. 238
Portefeuilles. 744

On commencera à une heure précise.

Nous avons respecté les attributions et classements de l'Amateur.

❖

CONDITIONS DE LA VENTE

Au comptant.

Cinq pour cent en plus des enchères applicables aux frais.

M. VIGNÈRES, faisant la vente, se charge des commissions.

NOTA. Toute commission sans prix fixé ou sans limite déterminée sera regardée comme nulle.

M. VIGNÈRES se charge de faire marquer les prix aux Catalogues des ventes qu'il a faites; les Amateurs qui le désirent peuvent s'adresser à lui *franco.*

Plusieurs Amateurs éloignés en ont reconnu l'utilité pour les guider dans leurs achats sur les valeurs des Estampes, et complètent ainsi le besoin de renseignements vrais, que ne peuvent faire les comptes-rendus trop restreints des journaux qui induisent en erreur ceux qui ne peuvent voir eux-mêmes.

Les Catalogues des ventes seront envoyés aux personnes qui en feront la demande.

(Toute lettre non affranchie ne sera pas reçue),

ESTAMPES

MAITRES ANONYMES

AVEC OU SANS DATE

Maîtres monogrammistes

ORNEMENTS

D'ORFÉVRERIE, BIJOUTERIE, ÉMAIL, ETC.

1 XVIe **siècle**. Rinceaux de feuillages gothiques, dans le goût de Schongauer. 2 p.

2 — Gaîne, au milieu Saint-Simon.

3 — Montants d'ornements avec chimères, B. X. 156,26 — 157,42 — autre. En bas, enfant entre deux cornes d'abondance — autre. En bas, un vase; en haut, deux casques. Ces 2 pièces *non décrites.* 4 p.

4 — Frise. Combat d'un triton et d'une sirène.

5 — Satyre entre deux amours. — Femme suportant un vase — et autre montant d'ornement. 3 p.

6 — HH. Petit rinceau de feuillage gothique.

7 S. G. Pyrame et Thisbé.

8 A. H. G. Judith. — La Prudence. 2 p.

9 **Bijouterie**. Petits cartouches, bagues. 11 p.

10 **École de Fontainebleau**. Brulliot, 1777. EMST. Groupes d'hommes nus 5 et 6, faisant des tours de forces. 4 p. rares.

11 **1527**. B. X, page 153 — 12. Vignette à la tête de lion. — 154. 17. — 3 autres petites vignettes non décrites. 5 p.

12 **1528**. I. B. — B. VIII. 299. Triomphe de Bacchus. 19.

13 — Pièce emblématique : l'Espérance, etc. 30.

14 — Combat de gladiateurs, 22. — Vignettes aux tritons, 45. — Femme entre deux génies, 48. — Gaîne, 50. 4 p.

15 **1529**. Panneaux d'ornements. 3 p.

16 **1530**. Enfants soutenant des rinceaux de feuillages. 6 p.

17 — Adam et Ève et le serpent.

18 — Frises avec animaux et mascarons, 2 p.

19 — Frises, feuillages, etc. 6 p.

20 — Frises et vignettes, 8 p.

21 — Rinceau, gaîne, etc. 3 p.

22 — Ornements noirs pour émail. 4 p. originales, 4 copies. 8 p.

23 A. B. Combat d'un homme contre un loup — et contre un sanglier. 2 p.

24 **1530**. C. V. Ornements pour émail. 2 p.

25 — G. K. P. Enfant au milieu de feuillage. Frise.

26 — H. avec une mouche. — Montant de feuillages entrelacés.

27 — H. D. B. F. Ornement noir pour émail.

28 — H. V. E. Montant d'ornement, tête d'enfant en bas.

29 — I. R. Ornements à fonds noirs pour émailleurs : 16 p. originales et 5 copies. 21 p.
30 — P. Trophée séparant la figure.
31 — R. B. Montants et frises. 4 p,
32 — V. G. Enfant jouant de la cornemuse.
33 **1531**. B. X. n° 34—40.—Montants d'ornements
grotesques et 7 autres frises non décrites. 9 p.
34 **1534.** F. G. Frises et montants de feuillages avec
enfants. 4 p.
35 **1537**. C dans un G retourné. Deux enfants soutenant des feuillages, tandis qu'un troisième joue
de la cornemuse. Pièce ovale.
36 **1548**. M. L. Couronne de fer dans des feuillages.
— Haut d'un fourreau de sabre. Très-riche. 2 p.
37 H. V. S. entrelacées, vers 1550. Pendeloque et
autre bijoux. 3 p.
38 **1550**. Montant de feuillages.
39 — B. X. page 155, n° 20. Frise. — Montant, 27.
— Panneau, 32—33—35—39—et 3 autres. 9 p.
40 — Montants d'ornements, avec figures. 6 p.
41 — Vignettes, feuillages, armoiries. 5 p.
42 **École de Fontainebleau**. Panneaux d'ornements. 6 p.
43 D. HF. Ornements noirs, bijouterie. 2 p.
44 I. B. Ornement pour émail.
45 H. Y. F. Ornements pour émailleurs. 2 p.
46 I. N. F. Ronds noirs remplis de fleurs en blancs.
3 p. à 2 motifs.
47 M. A. Z. Coupe d'orfèvrerie : Neptune.
48 N. R. Ornements noirs pour émail. 3 p.
49 P. F. Bijouterie, ornements noirs. 8 p.

50 P. N. Ornements noirs, bijouterie.

51 P retourné O. Ornement noir pour émail.

52 Z. Z. Montant pour gaîne.

53 **1568. Anna B.** Saint Georges à pied. Copie Contrepartie d'après A. Dürer. *Non décrite.*

54 **1596.** F. B. Bout de fourreau. Très-rare.

55 — S. B. Bijouterie pour émail. 6 p.

56 W. Sirène.—Enfant sur des cornes d'abondances. 4 gaînes avec figures. 6 p.

57 **1589.** W. I. F. Ornements pour émail.

58 *M. Z.* Aiguières, ciboires, chandeliers, coupes, bouteilles, calices, gobelets. 19 p. d'une grande richesse de travail d'orfèvrerie et d'une finesse d'exécution qui rentre dans le goût des plus belles pièces de Stéphanus.

59 — Mascarons, pendeloque et bout de gaîne. 5 p.

60 XVIIᵉ siècle. B. L. Lulmius? Panneaux d'orne= ments, goût de l'école de Fontainebleau. 2 p.

61 — H. W. Écu d'arme à la cloche.

62 — W. D. P. Pendeloques de bijouterie avec figures au centre. 6 p.

63 — Panneaux arabesques presque carrés. 4 p.

64 **1603.** G. B. Petits ornements pour émail. 3 p.

65 **1604.** A. P. Orfèvrerie, verres, gobelets, 10 p. formées avec des points.

66 **1604.** H. V. B. Hailler, ornements de bijouterie. 4 p.

67 **1609.** P. R. K. Pendeloques très-riches, le mo= nogramme du Christ, etc. 4 p. gravées avec une grande finesse.

68 **1610.** A. B. Orfèvrerie, coupe, gobelets, etc. 2 p. formées avec des points.

69 **1612**. Bijouterie, émail. 3 p.

70 — Divers anonymes, 10 p. Copies 3, et autres.
16 p.

ŒUVRES DES MAITRES

DES DIFFÉRENTES ÉCOLES DONT LES NOMS SONT CONNUS.

71 ALDEGREVER (H.). Son œuvre. Bartsch,
VIII, page 363. — Histoire d'Adam et Ève (B. 1, 2,
5, 6). — Loth et ses filles (13).— Histoire de Loth
(16, 17). 7 p.

72 — Annonciation (38). — Nativité (39).— La Para-
bole du Mauvais riche, 5 p. (44 à 48). 7 pièces.

73 — Vierges (53, 54, 55, 56).— S. Christophe (61).
5 p.

74 — Sophonisbe (62). — Tarquin et Lucrèce (63 et
64). — Mutius Scevola (69). 4 p.

75 — Annibal et Scipion (71).—Le Père sévère (73).
Apollon (74). — Mars (76). — Mercure (77). —
Mars (82). — Jugement de Pâris (98). — Orphée
(100). — 8 p.

76 — Allégories : la Paix (104) ; — la Richesse (107) ;
l'Intempérance (109) ; — l'Envie (111) ; — la Pau-
vreté (113) ; — le Sauveur (116) ; — le Pouvoir de
la Mort (135-138).—8 p.

77 — Les deux Amants (173). — Le Moine et la Reli-
gieuse (178), extrêmement rare. — La Nuit (180).
Très-belle et très-rare. 3 p.

78 — **Rinceaux d'ornements, orfèvrerie**, pièces en largeur (192—195—196—197—198—199—202—203—205—206).—10 p.

79 — Pièces en hauteur (207—209—210—211—212 223—224—230—231—233).— 10 p.

80 — En travers (222—227—228—229 – 237—238 —289—239—240—241).—10 p.

81 — Frises en travers (242—243— 251—257—260 261—262—266—267—271).—10 p.

82 — Montants d'ornements (236—244—245—246 —255—256—276—277—279).—9 p.

83 — Ornements en hauteur (231—232—272—273 —274—275—281—282).—8 p.

84 — Montants d'ornements (283—284—285—286 — 287 — 288). —6 p.

85 — Gaînes (213—214—215—216—225—235 — 247—249—253—254). — 10 p.

86 — Agrafes d'orfèvrerie (258). —Poignard (259). — Boucle de ceinturon (263).—Bout de fourreau (264). — Poignard (265). — Cuillers (268). — Poignard (270).—7 p.

87 **Altdorfer** (Albert). B. VIII. p. 41 p. gravées sur cuivre. Judith (1). —Repos en Égypte (5). — La Vierge (17). — Venus et deux amours (32).— Le Jugement de Pâris (36). — Triton et Néréide (39). Mutius Scevola (40). — 7 p.

88 — Gobelets, aiguières et vases (78—80—81—84 —86—89—93—94—95).—9 p.

89 — Pièces gravées en bois. Histoire de la chute de l'homme, 28 p. — La Résurrection (47). — La Vierge (50) et fac simile, Adoration d'un lion. 31 p.

90 **Amman** (Josse). Bartsch, vol. IX, page 351. — Les Mois de l'année, figures d'hommes (no 3). — 3, 4, 5, — Mois de l'année, ceintrées (no 4), 11 p. Le mois de novembre manque. — Chasses (no 8). 3 p. — Écu d'arme (no 23). — Autre écharpé de trois fleurs de lis. — 2 p. ovales contenant chacune trois têtes casquées. — Alphabet formé de figures humaines, pièce en bois épr. moderne. Ces 4 dernières non décrites. En tout **22 p.**

91 — Portrait de Gaspard de *Coligny*, amiral (B. 17). C'est le plus important du personnage, 1573.

92 **Andrea** (Zoan). B. XIII, p. 207. Panneaux arabesques entremêlés de figures.

93 — Le quatrième (B. 24).

94 — Le septième (**B. 27**).

95 — Le dernier (B. 33).

96 ANDROUET DU CERCEAU (Jacques), architecte, né à Orléans, vers 1520, son œuvre. Arcs de triomphes et titre, 40 p. Un calque et traduction du titre.

97 — Temples, 14 et 3 calques, dont le titre. — Mausolées, 2 et 1 calque. — Amphithéâtre, Colysée, 4. — Acqueducs, 2. — En tout, 20 p. et 4 calq. 24 p.

98 — Les plus excellents bastiments de France, 1er vol., 1576, — 2e vol., 1579, — infol. dos toile.

99 — Livre des édifices antiques romains, in-fol., 1584. — 98 sujets, rel. en veau.

100 — Détails d'architecture : corniches, entablements, bases et chapitaux de colonnes, 28 p. et 3 calques, dont le titre.

101 — Autre suite, 20 p. et 3 calques. — Autre suite, 9 p. et 1 calque. En tout 29 p. et 4 calques.

102 — Plans et élévations de châteaux. 15 p. et
calque du titre.

103 — Premières études, plans, coupes, élévations.
42 p. et 9 calques dont le titre.

104 — Deuxième suite, petits bâtiments. 49 p. et le
titre calque.

105 — Pièces détachées, façade d'un somptueux palais, grande pièce. — Et Réduction. 2 p.

106 — La grande salle du Palais de Justice de Paris.
Grande pièce avec toute sa marge.

107 — Fontaine des Innocents à Paris. Grande p. toute
marge.

108 — Fontaine d'Apollon, à Verneuil.

109 — Plafond à compartiment. Grande p. toute
marge.

110 — Rétables d'autel. 2 et 1 calque.

111 — Lucarnes très-riches. Rares. 2 p.

112 — Portes. 2 p. et 1 calque. — Portail de la char-
treuse de Pavie. En tout 3 p. et calque.

113 — Cheminée, palais, église, 3 calques. — Vue en
perspective d'un palais. — Oratoire, tombeau.
2 calques. Ruines d'un temple. — Temple de la
Paix et 4 feuilles de frises, paysage. 6 calques. —
Palais. 2 pièces rondes. — En tout 4 pièces et
11 calques.

114 — Parquets, mosaïques. 26 p. numérotées,
marges.

115 — Parquets, entrelacts, ou parterres de jardins.
36 calques sur 18 feuilles.

116 — Vues et monuments en ruines. 13 p. et traduction du titre.

117 — Vues des ruines de Rome ancienne. 25 p. dont
titre.

118 — Petites vues intérieures de villes. 24 p., grandes
marges et 5 calques dont le titre.

119 — Sujets d'optique, temples et monuments. 20 p.
rondes, 15 p. carrées, les mêmes sujets en contre-
partie, 2 qui ne sont pas dans les ronds ; en tout
37 p.

120 — Cartouches. 11 p., grandes marges et 2 calques.

121 — Frises et balustrades. 40 p. rares.

122 — Leçons de perspective positive. Paris, 1576.
Carton.

123 — Petites arabesques. 87 p. dont 1 titre rarissime,
et 1 calque titre différent.

124 — Grandes arabesques. 37 p. et calque du titre.

125 — Frises, arabesques, grotesques. 10 p. *Premier
recueil d'ornements. Paris, chez Jombert, 1764.*

126 — Serrurerie, potences pour enseignes. 2 p. à
2 motifs.

127 — Heurtoirs ou marteaux de portes. 4 p. à
3 motifs.

128 — Écussons pour clefs. 3 p. à 4 motifs.

129 — Poignées pour tiroir. 3 p. à 3 motifs.

130 — Targettes à verroux. 1 p. à 4 motifs.

131 — Clefs. 5 p. à 4 motifs.

132 — Arquebuserie. 2 p. à 2 motifs.

133 — Damasquinerie, pièces en hauteur 5 et 5 calques
pièces en travers. 6 p. et 6 calques ; en tout 11 p.
et 11 calques.

134 — Damasquinerie à plusieurs motifs. 20 p. et
5 calques.

135 — Grandes frises de damasquinerie. 10 p. qui ont été divisées et les morceaux réunis, et 10 calques.

136 — Meubles, banc et siége épiscopal. 2 p. et calque de titre.

137 — Tables. 12 p. à 1, 2 et 3 motifs.

138 — Armoires. 7 p. — Dressoirs. 4 p.

139 — Buffets, dressoirs. 9 p. et 2 calques.

140 — Lits. 6 p. à 1 et 2 motifs.

141 — Marqueterie. 13 p. et 4 calques.

142 -- Vases, aiguières à anse, à gauche. 26 p. — Aiguières à anse, à droite. 12 p. — Vases à deux anses. 7 p. — Urnes sans anses avec couvercles. 2 p. — Cassolettes, cuvettes, ciboire. 4 p. et 1 calque. — Coupes. 8 p. et 5 calques. — Vase à 2 anses. — Aiguière à une anse à gauche. — Trois petites aiguières. — Aiguières et vases. 10 p. à 3 motifs, 3 copies et 1 calque ; en tout 72 p., 7 calques et 3 copies.

143 — Orfèvrerie, agrafes de ceinturons. 8 p.

144 — Fonds de coupes. 8 p. rondes, marges in-fol.

145 — Chandeliers, candelabres. 6 p. et 1 calque.

146 — Verre à pied et 3 calices, coupes, gravures au trait, lavées. 4 p.

147 — Bijouterie, pendeloques. 8 p.

148 — Ostensoirs. 6 p. — Tabernacles et dressoir pour reliques. 3 p. ; en tout 9 p.

149 — Allégories, emblèmes. 29 p. grandes marges.

150 — Anciens philosophes grecs. 9 p. grandes marges.

151 — Trophées d'armes antiques. 19 p.

152 — Trophées d'instruments de musique. 4 p.

153 — Histoire de Psyché. — Oiseaux. 6 p. — 7 p.

154 — Paysages. 24 p. et 1 calque, 7 dessins, croquis
d'après les costumes.

155 — **Dessins originaux sur parchemin.**
Armoirie. — Aiguières à anse à droite. **10.** —
Vases à deux anses. **17.**—Urne avec couvercle. **5.**
— Cassolettes avec couvercle. **8.** — Bouteilles à
deux anses. **2.** — Chandeliers. **2.** — Calices. **3.**—
En tout 48 dessins à la plume lavés à l'encre et
5 calques de dessins.

156 — Bases et chapitaux de colonnes ; 16 dessins à
la plume sur papier et lavés.

157 — Livre de croquis. *Desseins figurés de plusieurs
morceaux d'architecture et perspectives dessinéz à la
plume par Jacques du Cerceau, 1545. De la Bibliothèque de M. Fremyot, archevêque de Bourges*, et
du Musée de J. Lucotte du Tilliot. — **97** dessins,
vol. petit in-4., rel. veau.

158 **Baccio Bandinelli** (d'après). Portrait de
Henri II, roi de France, 1547, à 28 ans, armure de
la plus grande richesse.

159 **Barbary** (J. de), dit le maître au Caducée.
L'Ange gardien (B. 9). Superbe épreuve rare.

160 **Beatricet** (N). Chute de Phaëton (B. 38).
très-belle ép. d'après Michel Ange.

161 **Beham** (Barthélemy). B. VIII. p. 81. — Judith
(3-4). — Femme assise sur une cuirasse (20). —
Triton et Néréide (23). —Combat de dieux marins
(24). — Quatre têtes de mort (28). — Enfant dor-
mant (31). — L'Amour postillon (32). — Homme
sur un dauphin (33-34). — Paysan à la fourche
(46). — Panneau d'ornements (54). — Armoiries
de J. Baumgartener superbe (57). — 13 pièces.

162 BEHAM (Sebald). Son œuvre B. VIII. 112. Ancien testament. Adam (1). — Adam et Eve (6). — Adam et Eve chassés (7). — Moïse et Aaron (8). — Judith (10 et 12). — 6 p.

163 — Nouveau Testament. Noces de Cana (23). — Jésus et la Samaritaine (24). — Tête de Christ (28-29). — Le Sauveur (30). — L'Enfant prodigue gardant les pourceaux (35). — 6 p.

164 — Saints. — Jésus-Christ et les apôtres (36 — 37 — 38). — Les Apôtres (43 — 44 — 45 — 49 — 50 — 51 — 52 — 53 — 54). — Saint Jérôme (63). — 13 p.

165 — Histoire Profane. L'Enlèvement d'Hélène (70). — Cimon et sa fille (75). — Lucrèce (78 et 79). — Buste de Trajan (83). — Buste de Domitia Calvilla (84). — Mythologie. Triton et Néréide (86 et 87). — Vénus et l'Amour (91). — Combat de trois hommes (95). — 10 p.

166 — Pièces à l'eau-forte. Régulus (71). — Cimon et sa fille (72 et 73). — Mutius Scevola (81). — Le Vieillard et le valet portant un sac (206) — 5 p.

167 — Jugement de Pâris (88 et 89). —

168 — Les travaux d'Hercule (98 — 99 — 100 — 101 — 103 — 105 — 106 — 107) — 8 p.

169 — Satyre sonnant du cor (111).—Léda (112).—2 p.

170 — Les sept planettes de (113 à 120)- — 8 p.

171 — Allégorie. La Charité (137). — La Patience (138). — Le Triomphe (142 et 143). — L'Impos-sible (145). — 5 p.

172 — La Mort surprenant la femme endormie (146). Très-belle et rare.

173 — La Mort se saisissant d'une femme debout (150).
Très-belle et rare.

174 — Les Noces de village (154 à 163). — 10 p. très-
belles.

175 — Le Banquet (164). — Noces de village (172
— 174 — 175 — 176 — 177). — Marche des
Maries (182 — 183 — 184 — 185). — 10 p.

176 — Le Paysan au marché (186). — La Paysanne
(187). — Le Paysan à la fourche (188). — Son
compagnon (189). — 4 p.

177 — Le Paysan allant au marché (191). — La
Paysanne (192).—Le Vendeur d'œufs (193).— 3 p.

178 — Les trois Soldats et le chien (196). — La Sen-
tinelle auprès des tonneaux (197). — 2 p.

179 — L'Enseigne, le Tambour et le Fifre (198). —
Le Porte-Enseigne et le Tambour (199). — Le
Porte-Enseigne (200). — 3 p.

180 — La Femme se baignant les pieds (207). —Très-
belle et rare.

181 — Les trois Femmes au bain (208). — Très-belle
et rare.

182 — Les Amants (209). — Pièce à l'eau-forte.

183 — Groupe d'enfants (210).—Enfant endormi (211.)
2 p.

184 — Le Bouffon (212). — Les deux Bouffons (213).
— Le Bouffon et les Baigneuses (214). — 3 p.

185 — Saint Jean-Chrisostôme. La Femme couchée
vue de dos (215). — Le Berger (216). — 2 p.

186 — Groupe de quatre chevaux (217).— Tête de cheval (218).— Tête d'homme (219). — Tête de femme
(220). — Trois médailles (221). — Et autres 6 p.

187 — Ornements, vignettes à la cuirasse (223). — à
l'aigle (224). — Aux satyres (225). — Au sphinx
(226). — A la cuirasse (227). — Mascaron (228).
— 6 p.

188 — L'alphabet romain (229). — Le petit Bouffon
(230). — 2 p.

189 — Le Mascaron (231). — Vase entre deux génies
(233). — Homme fantastique (234). — Les deux
Têtes de poissons (235). — Les deux Génies (236).
— Le Char de triomphe (237). — 6 p.

190 — Vases (239). — (240). — (241). — (242). —
Montant d'ornements (244). — 5 p.

191 — Chapiteaux de colonnes (247 — 248 — 249 —
250 — 251 — 252 — 253). — 7 p.

192 — Armoiries de Sebald-Beham (254). — Au lion
rampant (255). — Au coq (256). — A l'aigle (257).
— 4 p.

193 — Génie tenant un écusson d'armes (258 et 259).

194 — *Pièces gravées en bois.* Passion de Jésus-Christ
(85 à 91). — 8 p. complet.

195 — Vierges (121 — 122). — Enfant prodigue,
4 pièces. — (128). — Les Césars (129 à 131). —
Religieux (138 — 139). — Ornement non décrit.
— Les Amants (161 — 162 — 163). — Le Bain
(167). — Marche de soldats (171). — Le Siége de
Rhodes, non décrite, rare. — 31 p.

196 **Beytler** (Mathias). B. IX, p. 586. — Figures
en silhouettes. 5 p., dont le titre avec nom et 1614.
Non décrites.

197 **Binck** (Jacques). B. VIII. 249. Le Halebardier et
la Mort (50). — La Mort terrassant le soldat (52).
— La Sorcière frappant le diable (58). — La
Paysanne aux deux pots (60). — Le Paysan au
lièvre (61). — Porte-Enseigne (64). — L'Enseigne,
Tambour et Fifre (66). — Seigneur comptant de
l'argent, non décrit. — Vignette à l'homme et à
la femme (82). — Vignette aux faune et la sirène
(84). — Gaîne (88). — 11 p.

198 **Birckenhultz** (Paul). Bijouterie, Orfèvrerie.
Suite de 4 vases avec des fleurs.

199 — *Varii generis*, etc. 4 p. bijouterie.

200 — Pandeloques. 6 p.

201 — Titre avec son nom, bord de plat, haut de fourreau. 3 p.

202 — Oiseaux dans des ornements sur fond noir.
Suite de 6 p.

203 — Pandeloques avec lettres entrelacées. 6 p. sur
fond noir.

204 **Bleich** (Georges-Henri). 1696. Ornements d'orfèvrerie et bijouterie. 7 p.

205 **Boyvin** (René). Histoire de Jason ou de la Toison
d'or. 26 p. avant les nᵒˢ, 1ᵉʳ état (R. D. 39 à 64).
Très-belles ép.

206 — Porte-torches (77). — Tête de gauche (81). —
Tête de droite (85). 3 p.

207 — Panneaux d'ornements animés des divinités
du paganisme, suite de 16 pièces. (R. D. 119 à
134).

208 — Autres ornements. 10 p.

209 — Vases (R. D. 137 — 141). 2 p.

2

210 — Festons de fleurs (R. D. 151 — 152). — 2 p.
Très-belles.

211 — Trophées d'armes. 6 p. 1er état, avant l'adresse
de Mariette (R. D. 153 à 158).

212 — Plateaux, corbeilles, flambeaux, nécessaires
(R. D. 174 — 175 — 176 — 177 — 178). — 5 p.

213 **Bos** (Corneille). Grotesques, ornements, panneaux, arabesques, orfèvrerie. 21 p.

214 **Brosamer** (Hans). B. VIII. 455. Pièces sur cuivre.
Marc Curce (8). — Hercule et Anthée (14). —
Laocoon (15). — 3 p.

215 — *En bois.* Livre d'orfèvrerie, dont le titre repré-
sente l'atelier d'orfèvre, avec le nom de l'artiste.
18 feuilles *non décrites.* 17 sont imprimées des
deux côtés de vases, aiguières, gobelets, coupes,
calices, pendeloques, sifflets, etc.

216 F. B. **Brun** (François). B. IX. 443. Frise d'ornements avec trois oiseaux dont un hibou au milieu
(111).

217 BRY (Théodore de). 1528. Son portrait in-4, en
1597, à 69 ans.

218 — Arc de triomphe pour le mariage de Frédéric **V**
et Elisabeth d'Angleterre.

219 — *Emblemata nobilitati et VVlgo scitu digna.* Entourages d'ornements très-riches, contenant emblèmes sur la Mort, écus d'armes, costumes
riches, etc. 26 p.

220 — *Grotis por les orfeure et aultre artissien.* 1589.
Frises. 15 p. de diverses suites.

221 — Manches de poignards, hauts et bas de gaînes.
6 p.

222 — Agrafes, boucles de ceinturons, anneaux, etc. 4 p.

223 — Fonds de coupes avec trois portraits des Césars.
4 p.

224 — Avaricia, demi-rond. — Les Sens réunis. —
Crapula et Lascivia. 3 p.

225 — Soucoupes, pièces rondes : Orgueil et Folie. —
Le Capitaine des folies. — Le Capitaine prudent.
— La Charité. 4 p.

226 — Soucoupe. Scène d'anabaptiste, ou Sardana-
pale. Pièce ronde entourée d'ornements entremêlés d'animaux.

227 BRY (Jean-Théodore de). La Fontaine de Jou-
vence. Jolie pièce avec marge.

228 — Titre de Hermaphroditorum. 1614.

229 — Pendants de clefs pour les femmes, propres
pour les argentiers. 5 p.

230 — Mansches de coutiaus, avecques les feremens de
la gaîne, de plusieurs sortes, fort profitable pour
les argentiers et aultres artisiens. 11 p.

231 — Agrafes de ceinturons. Superbes épreuves
avec marge. 4 p.

232 — Haut et bas de gaînes. 2 p., à 2 motifs.

233 — Les dés à coudre. 3 p., dont 2 avec marge.

234 — Frises d'après les sculptures du Louvre. Les
monstres marins. 3 p. — Enfants groupés avec
les monstres. 6 p. En tout, 9 p.

235 — Alphabet de grandes capitales formées de figures, animaux, fruits et ornements. 25 p. et les
2 feuilles de texte. Très-bel exemplaire.

236 Bry (Jean-Israël de). Ornements à fonds noirs.
4 p. ovales et 1 rond. — 5 p.

237 **Bullant** (Jean). Chapiteaux de colonnes, à Écouen. 2 p. Très-rares.

238 CALLOT (Jacques). OEuvres de 957 feuilles. Portraits de Callot par Bosse, M. Lasne, Lubin, Vorsterman et autres. 7 différents. *Dessin* à la plume. Bataille mêlée de cavalerie, de la collection William Esdaille. — La plupart des pièces de cet œuvre sont en premier état ; quelques deuxièmes états pour différence et quelques copies ; les suites et pièces les plus importantes s'y trouvent : les Siéges de Bréda, de la Rochelle, de l'île de Ré, avec les anciennes et les nouvelles bordures, des Misères de la guerre, avant la lettre ; les Supplices, deuxième état ; le Jardinier, et autres pièces rares.

239 **Carteron** (Etienne). 1615. Orfèvrerie sur fond noir. 4 p.

240 **Castiglione**. La Mélancolie. (B. 22).

241 **Collaert** (Adrien). Figures mythologiques dans des ronds entourés d'arabesques et ornements sur fond noir. 6 p. Très-belles.

242 **Collaert** (Hans). Pendants d'orfèvrerie, avec perles et pierreries. Figures de la Fable. 9 p.

243 — Pendants d'orfèvrerie, avec poissons et figures chimériques, avec figures, perles et pierreries. 10 p. 1582.

244 — Pendants d'oreilles, agrafes, pendeloques, etc. 10 p.

245 — Autre suite différente de 10 p.

246 — Pendeloques en niches d'architecture, avec figures. 1521. — 12 p., avec marge.

247 — 4 pièces doubles de cette suite.

248 **Corvinianus** (Saur). 1593. Ornements de bi-
jouterie blancs sur fond noir. Suite de 6 p.
— Ornements noirs en silhouette. Suite de 6 p.
1594.
— Autre suite de silhouettes. 5 p. 1595.
— Ornements noirs sur fond blanc. 4 p. 1595.
— Ornements pour orfèvres émailleurs. 11 p. 1579.
— Suite de 6 p. Ornements noirs. 1597.

249 **Cousin** (Jean). Cartouche orné de figures.
Dessin lavé à l'encre de Chine, avec quelques re-
hauts de couleur sur vélin.

250 — Vase avec son couvercle orné de satyres et de
têtes de béliers. Dessin à l'encre rehaussé de
jaune.

251 — Fontaine, milieu de table. Neptune sur la mer,
dessin à l'encre de Chine.

252 **Cranach** (Lucas). B. VII. 273. *Pièce sur cuivre.*
Les deux ducs de Saxe (2). — *Pièces en bois.*
Repos en Égypte (3). — La Sainte Famille (5). —
La Passion (6). — Portement de croix. — Sépul-
ture. — Martyres des Apôtres (37). 10 p. — Saint
Antoine porté en l'air par les démons (56). — Saint
Christophe (58). — Saint Jérôme (63). — Le petit
Sauveur (73). — Saint Paul (92). — Les Apôtres (97).
— 10 p. — Marc Cure (112). — 2 reliquaires non
décrits sans le dragon. — 33 p.

253 **Cresci de Milan** (D'après). Alphabet de majuscules formées d'entrelacs dans des cartouches de
riche composition. 24 p. gravées par André Ma-
relli.

254 DURER (Albert). A°. 1524. Albert Durer réunis à nn grand nombre de saints groupés sous un portique de riche architecture. *Dessin* à la plume, signé et daté.

255 — Bartsch. VII, page 30. Adam et Ève (1).

256 — La Passion (3 à 18). Suite de 16 p. Très-belles. Ép. avec grandes marges, provenant des cabinets *R. Duménil* et *Debois*. Les n°ˢ 3, 8, 12 et 17 sont remargés.

257 — Jésus-Christ expirant sur la croix (24). Très-belle ép. Cabinet *Debois*.

258 — L'Enfant prodigue (28). Très-belle.

259 — Sainte Anne et la jeune Vierge (29). — La Vierge aux cheveux longs, liés avec une bandelette (30). — La Vierge à la couronne d'étoiles et au sceptre (32). — La Vierge allaitant Jésus (34). — 4 p.

260 — La Vierge assise, embrassant Jésus (36). Très-belle.

261 — La Vierge donnant le sein à Jésus (36). Très-belle.

262 — La Vierge couronnée par un ange (37). — *P. Mariette*, 1667, et *Debois*, 1840.

263 — La Vierge et l'enfant Jésus emmaillotté (38).

264 — La Vierge couronnée par deux anges (39). *P. Mariette*, 1643, et *Debois*, 1842.

265 — La Vierge assise au pied d'une muraille (40). Très-belle. *P. Mariette*, 1643, et *Debois*, 1843.

266 — La Vierge à la poire (41). Très-belle. *P. Mariette*, 1648.

267 — La Sainte Famille au papillon (44). Très-belle.

268 — Les Disciples de Jésus-Christ. Saint Philippe (46). — Saint Barthélemy (47). — Saint Thomas (48). — Saint Simon (49). — 4 p.

269 — Saint Christophe (51 — 52). — 2 p.

270 — Saint Georges à pied (53). — Saint Sébastien (55). — 2 p.

271 — Saint Eustache ou Saint Hubert (57). Très-belle avec quelques restaurations.

272 — Saint Antoine (58). Du cabinet *Donadieu*.

273 — Saint Jérôme dans sa cellule (60).

274 — Saint Jérôme faisant pénitence (61). Très-belle ép. Cabinet *Debois*, 1836.

275 — Sainte Geneviève (63). Très-belle ép.

276 — Les trois Génies (66). Très-belle ép.

277 — La Sorcière (67). Très-belle ép. restaurée.

278 — Apollon et Diane (68). Cabinet *Debois*, 1840. Très-belle.

279 — La Famille du Satyre (69). Très-belle. Cabinet *Debois*.

280 — Enlèvement d'Amymone (71).

281 — Les Effets de la Jalousie (73). Très-belle. Cabinet *Bourduge* et *Debois*, 1834.

282 — La Mélancolie (74).

283 — Le groupe des quatre femmes nues (75). Doublée et restaurée.

284 — L'Oisiveté ou le Songe (76). Très-belle. Des cabinets *Ottley* et *Debois*, 1836. Déchirée au bas à droite, dans le pied de la femme.

285 — La grande Fortune (77). Très-belle ép.

286 — La Justice (79). Très-belle. Cabinets *Boutourlin* et *Debois*, 1840.

287 — Le petit Courrier (80).—La Dame à cheval (82).
2 p.

288 — L'Hôtesse et le Cuisinier (84). Très-belle ép.
Cabinet *Debois*, 1840.

289 — L'Oriental et sa femme (85). Très-belle ép.

290 — Les trois Paysans (86). Très-belle ép. Cabinet
Debois, 1836.

291 — L'Enseigne (87). Très-belle.

292 — L'assemblée des gens de guerre (88). Des cabinets *Boutourlin* et *Debois*, 1840.

293 — Le Paysan de marché (89). Très-belle.

294 — Le Branle (90).—Le Joueur de cornemuse (91).
2 p.

295 — Le Violent (92). Très-belle. *P. Mariette*, 1660.

296 — Le Seigneur et la Dame (94).

297 — Le petit Cheval (96). Très-belle. Cabinet
Debois.

298 — Le grand Cheval (97). — Le pourceau mons-
trueux (95). — La Nativité (2). Copie contre-partie
non décrite. 3 p.

299 — Le Cavalier ou cheval de la Mort (98). Très-
belle. Du cabinet *Debois*.

300 — Les Armoieries au Coq (100). Très-belle.

301 — Les Armoiries à la tête de mort (101).

302 — Albert, électeur de Mayence (102). Cabinet
Debois.

303 — Albert de Mayence, de profil (103). — Frédéric III le Sage (104). — 2 p.

304 — Erasme à mi-corps (107).

305 — **Pièces à l'eau forte sur fer**. Jésus au
Jardin des Oliviers (19). — La face de Jésus-Christ
(26). — Cinq études de figures (70). *P. Mariette.* —
Ravissement d'une jeune femme (72). *P. Mariette
et Debois.* — Le canon (99). — 5 p.

306 — Ornement de fourreau de sabre. 2 p., d'après
Durer, par un maître qui a marqué d'un croissant.

307 **Durer, pièces en bois.** La grande Passion
(4-15.), manque le (6). — 11 p. 2ᵉ état avec texte,
2 p. sont sans texte et le nᵒ 13 copie à l'eau forte.

308 — La petite Passion (16—52). — 27 p.

309 — Apocalypse de Saint Jean (60—75). — Le titre
manque. Le (61) est copié à l'eau-forte. 15 p. dont
14 avec le texte.

310 — Vie de la Vierge (76 à 95). — Manque (76 et
89). — 18 p. Sans texte.

311 — Les Dédales, ronds à fonds noir avec entrelacs blancs pour servir de broderie ou tapisserie
(140, 141, 142, 145). — 4 p. Rares.

312 — Adoration des Mages, composition différente
du (nᵒ 37) avec changement, 1511, Très-belle ép.
non-décrite.

313 — Portrait grand in-fol. de l'empereur Maximi-
lien (153).

314 — Sujets divers en bois, Bible, Vierge, Saint,
Rinocéros, Siége de ville en 2 feuilles, ornements,
Armoiries, etc., 36 p.

315 — Appendice, etc. 22 p.

316 **Duvet** (Jean), dit le Maître à la Licorne. B. VII.
496. Moïse (2).

317 — Chapitre VI de l'apocalypse de Saint Jean (17).

318 **Ecole de Fontainebleau**. Fautuzzi (143), le Vase. — Neptune, d'ap. Primatice, par Caylus. 2 p.

319 **Flindt** (Paul) ou Flynten, 1592. Cartouches ornés contenant des animaux, sujets d'orfèvrerie. 7 p.

320 — 1593. Coupes, goblets, vases, ciboires, etc. 39 p. d'orfèvrerie d'une grand richesse d'ornements.

321 — 1594. Lampadaire, coupes, gobelets, calices, chandeliers, aiguières et autres p. d'orfèvreries très-riches. 35 p.

322 — Petites Frises d'orfèvrerie. 17 p.

323 — Groupes de fruits. 3 p. — Têtes mascarons à 3 motifs. 2 p. — Petits cartouches à 2 et 3 motifs. 12 p.

324 P. F. **Floetner** (Pierre). Ornement pour émail et damasquinure, noir sur fond blanc et blanc sur fond noir, gravés sur bois. 51 p.

325 **Floris** (les) C. F. J. Suite de 13 cartouches blancs, numérotés, superbes. — Titres et ornement avec mascaron fantastique, etc. En tout 17 p.

326 **Galle** (Ph.). Portraits des 12 Césars, avec titre. 13 p. entourées d'ornements avec figures et animaux sur fond noir.

327 **Gerard** (Marc). Les Éléments : le Feu (1), la Terre (4). 2 sujets ronds entourés d'animaux.

328 **Gheyn** (J. de). Costumes militaires, 1565, d'ap. Goltzius. 10 p. très-belles. — Le Miracle des cinq pains, pièce ronde. En tout 11 p.

329 **Glockenton** (A.) B. VI. 344. Le Crucifiement (10). — La seconde Vierge sage (19). — 2 p.

330 Goltzius (H.). La Passion (B. 27, 28, 30, 33, 35, 37, 37, 38), — La Cène (39). — Jésus et les Apôtres (43). 10 p. — Portraits d'hommes (84 — 85). — Titre (94). — Moyen d'acquérir le repos (110 — 113). 24 p.

331 — Les Muses (146 à 154), le n° 7 manque. 8 p. très belles de la collection William Esdaille.

332 — Gentilhomme hollandais (214). — Hallebardier (215). 2 p. Costumes.

333 — Les Dieux de la Fable (249 à 256), manque (253), 7 p. — Sainte Famille (275). — Martyr de Saint Paul (296). — Et 2 autres p. 11 p.

334 Goltzius (Hubert). Titre dans un cartouche d'ornement à l'eau-forte avec impression en camaieu, daté 1557.

335 Grimaldi (J. F.) dit le Bolognese, B. XIX — 92. Repos en Egypte (15).

336 Grun (H. Baldung), B. VII. 301 — Les Apôtres (7 à 12), (14 à 18). — Saint Jean (31). — Jésus-Christ (42 — 43). — Sept chevaux (57). — Lucrèce à mi-corps dirigée à gauche, non décrite. — Titre de la troisième partie des œuvres de J. Gerson, avec son portrait en pied au verso. 17 p.

337 Guillaume de la Quevellerie. Bijouterie, ornements blancs sur fond noir, 8 p. faisant partie de deux suites de 6 p.

338 Heckius (Abraham), 1634. Titre soutenu par deux amours et surmonté du Temps.

339 Helleck (Jean). Bijouterie, orfèvrerie. Suite de 6 p. Ornements blancs sur fond noir.

340 **Herman** (Stephan), 1586. Titre d'une suite d'oiseaux.

341 **Hirschvogel** (Aug.) ? Vase à deux anses avec couvercle.

342 **Hollar** (W.). Buste de femme les mains jointes, les cheveux longs et ondulés, d'ap. Albert Durer, 1497. — Ane, d'ap. Bassan. — Scènes de pasteurs arcadiens. — Vue de la cité de Londres avant et après les feu de 1666. — Manchon, voile et masque. — La cathédrale de Strasbourg. — 6 p.

343 — Poignée et monture de couteau de chasse, deux différents et bout de fourreau. 3 p. d'ap. Holbein. Sup. ép.

344 **Hopfer** (Daniel), B. VIII. 471 — Ève (2). — Sujets de l'histoire du Christ (4, 6, 11, 13, 15, 19, 20, 21). Paraboles et sujets bibliques (23, 24, 29, 31, 33). Vierges (35, 36, 37, 39). Saints (43, 45). Sujets profanes (54). Costumes de soldats (63, 64, 66, 67, 69). Les Sorcières et le Démon (71), la 2e feuille du (74). Portrait J. César (75). Néron (76). Galba (77, 78). Charles V. (80). François 1er (81). Clément VII (82). Soldat allemand (87). — 36 p.

345 — Panneau d'ornements (89, 91, 94, 95, 97, 98, 99, 100, 103, 105, 106, 109, 110, 112, 113, 116, 117, 119, 120, 124, 125, 129, 130, 132, 133). — 25 p.

346 **Hopfer** (Jérome). Le Sauveur (22). — La Déesse de Rome (37). Charles V (58). — Ecclésiastique (66). — Vases et ornements (67, 68, 70, 71, 72, 73, 74, 75, 76, 77). — 14 p.

347 **Hopfer** (Lambert). Montant d'ornements (28, 29, 30, 32, 33, 34). — 6 p,

348 **Hurtu** (Jacques), 1619. Ornements pour bijoutiers, orfèvres, émailleurs, etc., sur fond noir. 23 p. de diverses suites.

349 **Jacquard** (Antoine). Ornemènt d'arquebuserie.

350 **Janssen**, 1614. Cartouche, bijou de mariage. — Les deux petits ovales. — 3 p.

351 — Bordure de plat octogone en 4 parties. Sup.

352 — La Cène ovale entourée d'un cartouche.

353 — Bordures et frises. 4 p.

354 — Manches de couteaux.

355 — Par Blochom, montant d'ornement. — 3 p. d'un bord de plat. — 6 p., fig. allégoriques. — 10 p.

356 — Frises d'oiseaux. 6 p. — Portrait de Frédéric III, roi de Danemarck. — 7 p.

357 **Joannes**, 1590. Alphabet et ornements d'orfèvrerie sur fond noir. 2 p.

358 **Kaseman** (Roger), 1622. Livre d'architecture contenant plusieurs beaux ornements, colonnes, frises, corniches, thermes, balustre et autre. 22 p.

359 H. K. 1589. **Kellerthaler** (H.). Terra. — Aqua. — 2 sujets d'amour dans des ornements gravés au trait formé par des points à l'usage des orfèvres.

360 **Kilian** (Lucas). Alphabet, lettres majuscules formées d'ornements et entourées de fig. Rare. Très-bel exemplaire. 24 p. avec une petite marge.

361 **Kiloni** (Jean Schrodero). Ornements d'orfèvrerie noirs sur fond blanc. 3 p.

362 **Krug** (Louis), B. VII. 535. La Nativité. (1) —
L'homme de douleur assis (5). — Saint Jean dans
l'île de Pathmos (9). — Les deux femmes nues
(11). — 4 p.

363 LA BELLA (Stefano de). Œuvre de 143 pièces.
Entrée des ambassadeurs de Pologne à Rome,
fêtes et cérémonies faites à Florence, Saint Pros-
pert, le Reposoir, Exercices de cavalerie, Scara-
mouche ou Carlo Cantu avec vue de Paris, très-
rare ; paysages, Variœ figures, Ornements, Cours
de la Loire, la Mort à Cheval, Vierges, Porto lon-
gone, les Cavaliers orientaux et polonais, Vues de
Florence, Chasses, Livourne, Sujets ronds, Bataille des Amalécites, la Grande Mort à Cheval,
Griffonement, Siéges d'Arras et Saint-Omer.

364 — Le Pont-Neuf, ép. avant le coq sur Saint-
Germain-l'Auxerrois, du cabinet Debois, 1839.

365 LAULNE (Charles-Etienne de), dit **Stepha-
nus**, 1519 à 1595. La Mort d'Achille, **dessin**
rond lavé à la pierre bleue.

366 — Poignées d'épées, 2 **dessins** très-fins lavés à
l'encre et au bistre, sur vélin.

367 — Bijoux, pendeloques avec perles, ornements
très riches et 3 **dessins** à trois motifs d'une
grande finesse, sur vélin.

368 — Petits sujets bibliques et historiques ronds et
ovales, 4 **dessins** à deux motifs et 2 dessins à
quatre motifs. 16 motifs. — Allégorie. — Récolte
des pommes. En tout 8 **dessins** sur vélin.

369 — La Genese, suite de 36 p. très-belles doublées.

370 — Histoire de l'Ancien Testament, ovale. 12 p.
très-belles doublées.

371 — Ecrans ou revers de miroir de main, Mort de
Julie, fille d'Auguste.—Médée rajeunissant Eson.
2 p. très-belles avec une petite marge, Très-rares.

372 — Les Miroirs : 1 carré, 2 ronds, 2 ovales, 1 octogone. 6 p. très-belles et très-rares.

373 — Petits ovales en hauteur, 3 sujets bibliques, etc.

374 — Les Mois de l'année. 12 p. ovales en travers
très-belles doublées.

375 — Occupations champêtres, 7 petites p. ovales
en hauteur.

376 — Loth. — Lucrèce. — Narcisse. 3 p. très-belles.

377 — Histoire de Jonas. 4 p.

378 — Les Arts libéraux, allégories. 12 p. ovales en
hauteur, très-belles, doublées.

379 — Mythologie, suite de 18 p. Ovale en hauteur.

380 — Le Parnasse. — Vénus pleurant Adonis. 2 p.

381 — Sept têtes de guerriers adlocutio.

382 — Les Sens. 5 p. ovales en hauteur.

383 — Sujets mythologiques, etc., ovales en travers.
13 p.

384 — Sujets mythologiques ovales en travers entourés du titre. 9 p.

385 — Dieux de la Fable. Ovales en travers. 4 p.

386 — Sujets romains, 4 petites p. rondes.

387 — Ornements sur fond noir, 1573, forme ronde.
7 p.

388 — Ornements sur fond noir forme particulière.
7 p.

389 — Ornements à fonds noirs forme de poires.
7 p.

390 — Léda, de forme ronde sur fond noir.

391 — Ornements à fonds noirs, forme particulière. 2 p.

392 — Ovales en hauteur. 6 p.

393 — Les Dieux dans des sortes de niches. 3 p.

394 — Arithmétique et autres. 6 p. carrées en hauteur.

395 — Scènes de la Bible en ornements. 6 p. carrées en travers.

396 — Dieux et Déesses dans des ornements. 6 p. carrées en hauteur.

397 — Les Parties du Monde. 4 p. ovales en travers.

398 — La Paix, l'Abondance, la Guerre, la Faim. 4 p. en ovales en travers.

399 — La Paix, la Guerre, l'Envie. 3 p. ovales en travers.

400 — Les Planètes, 7 p. ovales en travers.

401 — Combats de cavaliers et fantassins. 4 p. en frises.

402 — Les Monarchies. 4 p. ovales en hauteur.

403 — Allégories, sujets ronds avec blanc réservé au bas. 9 p. Ces p. sont relatives à Henri II et Diane de Poitiers. Très-belles.

404 — Allégories vertueuses. Ovales en hauteur. 9 p.

405 — Intérieurs d'ateliers d'orfèvre, 1576. 2 p. Rares.

406 — Titres d'arabesque, 1578, sur fond noir et autres. 7 p.

407 — Les Dieux et Déesses payens, 1578. 7 p. à 3 motifs, dans des niches.

408 — Ornements sur fond noir, ovales en auteur et titre, d'après son fils, 1579. 6 p.

409 — Emblèmes avec versets manuscrits au bas, chaque pièce marquée des lettres de l'alphabet. 20 p.

410 — Astronomie et autres sciences. 6 p. dans des ornements.

411 — L'Enfant prodigue. — Les Sacrifices, 2. — En tout 3 p.

412 — Le fleuve le Nil. — Chasse au cerf. — Armoirie de Strasbourg, 3 p.

413 — Ajax. — Léda, d'après Michel-Ange. — Enlèvement d'Hypodamie. — Martyre de sainte Félicité. David et Goliath. — Vénus sortie du bain. — 6 p.

414 — Suzanne et les Vieillards. — Diane et Actéon. Enlèvement d'Hélène. — 3 p.

415 — Naissance de saint Jean, d'après J. Romain, du cabinet R. Duménil, grande pièce cintrée.

416 — Sifflets, 5 p. Très-belles épr. très-rares.

417 — Histoire d'Orion, Apollon et Diane. 6 p. très-belles.

418 — Bas-reliefs de l'Arc de Constantin, Trajan, d'après Marc-Antoine, 4 p.

419 — Frises, combats, triomphes, trophées, 11 p.

420 — Frises, chasses. 6 p.

421 — Heurtoirs. 5 p. très-rares.

422 — Fonds de coupes. 6 p. à doubler. Rares.

423 — Les Mois de l'année, 12 p. avec entourages.

424 — Le Parnasse, d'après L. Penni. — Saint Paul tombé de cheval. 2 p.

425 — Le Serpent d'airain, grande pièce, d'après J. Cousin.

426 **Lautensack** (H. S.). B. IX, 207. — Paysages (26) — (38) — (41). 3 p.

427 **Le Blond** (Michel) ou Blondus. — Manches de couteaux, 2 à la feuille, cahier A. 6 p.

428 — Manches de couteaux, cahier B. 6 p.

429 — Manches de couteaux, cahier C. 6 p.

430 — 1626. Manches de couteaux, 3 à la feuille, cahier K. 6 p., le n° 5, est découpé.

431 — Bords de plat, 3 p.

432 — Ornements formant consoles ou fin de pages. 6 p. très-belles.

433 — Ornements pour émail, pour boîtes de montres et cassolettes. 4 p. à 3 sujets.

434 — Autres, à 1, 2 et 3 sujets. 4 p.

435 — Alphabet, frises d'oiseaux. allégorie sur le calendrier. 5 p.

436 — Somige, 1611, ornements divers d'orfévrie, 13 p.

437 — Armoiries de Gérard Thibault et autres. 20 p.

438 LECLERC (Sébastien) Œuvre de 492 pièces, la Messe, la Destruction de Lustucru, les Éléments, Tapisserie du roi, Mausolé Séguier, Machines pour élever le fronton du Louvre, Labyrinthe de Versailles, Arc de triomphe, porte Saint-Antoine, Fables d'Ésope, le Mai des Gobelins, grandes conquestes, perspective, la Passion, Apothéose d'Isis, avant la lettre, 2ᵉ état et le dernier état, sainte Madeleine, les Faubourgs de Paris, Puer Parvulus, 1ᵉʳ état et dernier, batailles d'Alexandre, petites conquestes, Temple de Charenton, Histoire de Lorraine, monuments funèbres, cabinet de Leclerc, vignettes, lettres ornées, etc.

439 **Læchlin** (H. C.), 1594. Goblets, Vases et autres pièces d'orfévrerie, 7 p.

440 A. L. **Luining** (André). Ornements et fonds de
coupes, 5 p.

441 LUCAS DE LEYDE. B. VII. 331. Adam
et Ève chassés, 4.—Le Péché d'Adam et Ève , 8.
—Lamech et Caïn, 14. — Histoire de Joseph, 20 ,
21, 22, 23. — David victorieux de Goliath, 26. —
Saint Joachim et sainte Anne, 34.—Visitation, 36.
Résurrection de Lazare, 42.—La Passion , 43, 44,
47, 49, 50, 53, 54, 55, 56.—La Passion, de forme
ronde, 62, 63 , 64 , 66, 67. — Couronnement
d'épines, 68. — Jésus présenté au peuple, 70.—
Soldat offrant à boire à Jésus, 73. — J.-C. en
jardinier, 77.—Vierge et Jésus, 83.—Les Apôtres,
87 à 98 , manque le 88. — Le Évangélistes, 100 ,
102, 103. — Saint Pierre et saint Paul tenant le
suaire, 105. — Saint Jean, 110. — Saint Jérôme ,
114.—Saint Gérard, 119.—La Madeleine se livrant
aux plaisirs du monde, 122. — La Madeleine dans
le désert, 123.— Debout, 124.—Sainte Catherine,
125. — La Charité, 129. —La Justice, 131. — Les
Gueux, 143. — La Vieille à la grappe, 151. — La
Femme et la Biche, 153.

— Ornements tête de guerrier. 160. — Ornement
aux deux poissons, 161. —Les Sphinx, 162.—Les
Sirènes, 164. — Les Enfants guerriers, 165. —
L'Écusson vide, 166. — L'Écusson au mascaron,
167.— Les armes de Leyde entre quatre ronds,
168. — Deux rinceaux d'ornements, 169. — Deux
ronds, 170—171. — Portrait de Lucas de Leyde,
173—174.—Cet œuvre, composé de 70 p., pourra
être divisé.

442 **Martin de Bologne** (d'après saint). Galerie des peintures qui sont dans la salle de bal, à Fontainebleau. 14 p. très-belles.

443 **Matham** (Adrien). B. III, 124. L'Age d'or (1).

444 **Matham** (Jacques). B. III, 129. Les Vertus (118, 121, 123).—Les Saisons (141, 142, 143). — Apollon (157). — Le Mauvais riche (166). — Marchande de légumes (167). —Sujets fabuleux (278 à 285). — Manque le (279). — 16 p.

445 MECKEN (Israël de). B. VI, 184. Judith, 4.—La Passion, 10—11—12—16—18.—Vierge immaculée, 48.—Saint Christophe, 90. — Sainte Élisabeth, 127. — Sainte Famille, 146. — La Femme maltraitant son mari, 173.—Jeux d'enfants, 188. — Les Loups, 192.—Écusson d'armes au garçon faisant la culbute, 194. —Deux cavaliers en ornements, 200. — Saint Grégoire, 228.—Vierge, appendice, 43. — Cet œuvre, composé de 17 p., pourra être divisé.

446 **Merian** (Mathieu), père, 1616. Ornements mêlés de figures, 15 p.

447 **Meyer** (Daniel), 1609. Architecture avec figures et costumes, portes, fenêtres, écus d'armes, colonnes, frises et détails, 51 p.

448 **Micker** (L. J.), 1613. Ornements d'orfèvrerie, 7 p.

449 **Mignot** (Daniel), 1593. In timore ac charitate Dei. 12 p. d'ornements, pendeloques, bijouteries.

450 — 1696. Ornements, aigrettes et autres objets de joaillerie, 16 p.

451 — Pendeloques, etc. ; ornements noirs sur fond blanc. 8 p.

452 — Pendeloques avec figures allégoriques dans des niches, 5 p.

453 — Pendeloques de bijouteries et joailleries, 12 p.

454 — Ornements et figures en silhouette, 5 p.

455 **Montagna** (Benoît), B. XIII, 348. Le Paysan en querelle avec sa femme (30).

456 **Morien** (Jean), 1612. Ornements à fonds noir pour orfèvres, émailleurs, 6 p.

457 **Muller** (Jean). Portrait de Bernard Knipperdo_ling (B. 25). — Christian IV, roi de Danemarck (56). — Albert, archiduc (62). — 3 p.

458 **Muntinch** (Adrien), 1610. Ornements formés de figures, animaux et fruits. 21 p.

459 **Nilen** (Pierre), 1619. Ornements noirs pour émailleurs. 12 p.

460 **Nolin** (Pierre). Ornements en silhouettes et sur fond noir, pour émailleurs, 2 suites différentes de 6 p. — 12 p.

461 **Ostade** (par et d'après). 6 p. et Waterlo. 7 p.

462 **Orcagna** (d'après la fresque d'). L'Enfer, pièce curieuse, attribuée à Baldini.

463 **Palmieri** (P. J.). Bataille en silhouette.

464 **Paulus** (Jo.), 1685. Petite pièce mascaron, terminée par des rinceaux.

465 PENCZ (Georges). B. VIII. 319. Histoire de Tobie (13, 16). — Ancien Testament (20, 21, 25, 26, 27, 28, 29). — 9 p.

466 — Vie de Jésus-Christ (30 à 54). 20 p., manque (30, 31, 33 a, 35, 43, 44).

467 — Les Œuvres de miséricorde (58 à 64), manque
(62). — Le Mauvais riche (65, 66). — Le bon Sa-
maritain (68). — La Conversion de saint Paul (69).
— 10 p.

468 — Paris et Œnone (72). — Procris et Céphale
(73). — Marc Cu ce (75). — Tarquin et Lucrèce
(78). — Collatin (79). — Porsenna (81). — 6 p.

469 — Virgile exposé dans un panier (87). — La
Courtisanne sur la place publique (88). — Jugement de Paris (89). — Diane et Actéon (91). —
Triomphe de Bacchus (92). — La Femme à la
harpe (96). — 6 p.

470 — Les Péchés (98 à 103). — Le 104 manque. —
Les Cinq sens (105 à 108). Le 109 manque. — 10 p.

471 — Les arts libéraux (110 à 116), marquent (113,
114). — Rinceaux d'ornements (123-124). — 7 p.

472 **Pleginck** (Martin). B. IX. 592. Différents cavaliers (11, 13). — Seigneur allant à droite. — Deux
arquebusiers dirigés à gauche, le nom est sur cette
pièce et An. 94. — Chevaux sellés, 2 p. — Chevaux nuds, 2 p. — Dix chevaux dans diverses at-
titudes. Ces 7 dernières pièces sont inconnues à
Bartsch. 9 p,

473 **Froger** (G.-K.). B. IX. 33. Montants d'ornements (2-4-5-6-7). — Singe au bas des ornements
1534. — Vase, 1535. — Deux rinceaux sans monogramme. — Montant, enfant assis près d'une
tête de mort et sablier. — Ces 5 dernières pièces
sont inconnues à Bartsch. — 10 p.

474 **Rembrandt**. L'Ange disparaît devant la famille
de Tobie (B. 43).

475 — Repos en Egypte (B. 58). Pièce très-rare, parfaite condition.

476 — Chasses aux Lions (B. 115 et 116), — 2 p. très-belles.

477 — La Faiseuse de kouc (B. 124).

478 — Gueux debout (B. 162). — La Femme à la calebasse (B. 168).

479 — Académie d'homme assis à terre (B. 196). — Femme nue les pieds dans l'eau (B. 200).

480 — Vieillard portant la main à son bonnet, 1er État (B. 259).

481 — Homme avec chaîne et croix (B. 261).

482 — Vieillard à grande barbe, nu-tête (B. 267). Pièce extrêmement rare et de condition parfaite.

483 — Vieillard à grande barbe et tête chauve (B. 291). Très-belle ép. Cabinet Vill. Esdaille.

484 — Homme avec chapeau à grand bord (B. 311). Très-belle ép. Cabinet *Will. Esdaille.*

485 — Griffonnements gravés sur plusieurs sens de la planche (B. 369). Très-belle pièce. Rare.

486 — Par et d'après Rembrandt. 7 p.

487 **Rivard** (Claude), né en 1592. Ornements de bijouterie, émail, orfèvrerie, joaillerie, etc. 51 p. Formant diverses suites.

488 **Rosex** (Nicoleto de Modène). B. XIII. 252. — Panneaux d'ornements arabesques (54-55-56-57). — 4 p.

489 **Raimondi** (Marc-Antoine). Alexandre faisant serrer les livres d'Homères (B. 207). — Mercure (343). — Cupidon et les Grâces (344). — L'homme au drapeau (481). — La Cassolette (489). — 5 p.

490 **Sadeler**. Médaillons des empereurs romains. 2, 3, 4, 5.

491 — Les 12 Empereurs romains et les 12 Impératrices. 24 p.

492 **Saenredam**. Sujets de diverses suite. 17 p,

493 SCHONGAUER (Martin). B. VI. 103. La Nativité (4). — La Fuite en Égypte (7). — 2 p.

494 — Jésus présenté au peuple (15). — La Sépulture (18). — Descente aux limbes (19). — 3 p.

495 — La Vierge au Perroquet. Très-belle (29).

496 — Vierge sage (79). — Vierge folle (84). — 2 p.

497 — Armoiries diverses, pièces en rond (96, 98, 100, 101, 102, 103). — 6 p.

498 — Jésus-Christ en jardinier et la Madeleine (26). — La femme adultère, pièce dans le goût du maître non décrite (le monogramme est à l'encre). — Rinceau d'ornements au perroquet (114). 3 p.

499 **Schroderius** (Johannes) 1604. Ornements noirs en silhouettes pour émailleurs. 7 p.

500 **Sezemius** (Valentin), 1626. Ornements, figures et animaux en silhouettes pour émailleurs. 4 p.

501 **Siebmacher** (Jean), 1596. Aiguières, gobelets, hanaps, vases, verres à pieds, etc. 23 p. d'orfévrerie, très-riche d'ornements.

502 — Armoiries de diverses suites. 16 p. — Arabesque fleuron. — Frise, en tout 18 p.

503 — Modèles de plusieurs sortes de broderies, 55 p. y compris le titre, plus 6 feuilles de texte entouré Cette collection, est une des plus belle en ce genre. Rare.

504 I. S. 1582. **Sigmair** (I.). Sujets pour orfévrerie,
de forme ronde dont les traits sont faits avec des
points. 8 p.

505 SOLIS (Virgile), né en 1514, mort en 1562.
Femme nue, ailée, assise, la main gauche sur une
coupe ; de l'autre, elle soutient un bouclier. Le
monogramme V. S. est au bas .— Chien qui court
vers la gauche. Deux **Dessins** à la plume.

Bartsch, IX, page 242, dit que les pièces de cet artiste sont si
rares, qu'elles ne se trouvent qu'en parties faibles dans les collections les plus riches. Dans cet œuvre, nous possédons un très-grand
nombre de pièces inconnues et non décrites.

506 — Le Déluge (10). — Annonciation (17). — Adoration des Bergers (18).— Jupiter et Semelé (89).
4 p.

507 — Les Héros célèbres (54 à 62). — Suite de 8 p.
manque (58).

508 — Les Héroïnes célèbres (63 à 71). Suite de 9 p.
complète.

509 — Les Empereurs romains (74. 78, 81). — 3 p.

510 — Femmes de la Fable (93, 94, 99, 100, 101,
102, 103). — 7 p.

511 — Les Déesses Diane (108). — Pallas (109). — 2 p.

512 — Les Muses (113 à 121). — 4 p.

513 — Les Planètes (149 à 155). — 4 p.

514 — Les Planètes (156 à 162). — 7 p. Complet.
Très-belles ép.

515 — Les Planètes (163 à 169). — 7 p. Complet.

516 — Astrologie (183). — Les Vertus (207 à 214).
— 4 p. dont une double et 3 autres. — 8 p.

517 — Figures de femmes, allégories (218 à 221). —
4 p. Complet.

518 — Soldats (256). — Bateleurs (257). — Ivrognes
(258). — 3 p.

519 — Titre et Sujet d'architecture ruinée (352). —
2 p.

520 — Chasses en forme de frises (368, 371, 372, 373,
375, 376, 380, 384, 387, 388). — 10 p.

521 — Sujets d'animaux (391—392—401 à 406), etc.
23 p.

522 — **Portraits** des rois de France depuis Phara-
mond jusqu'à Henri III (408 à 427). Suite de 62 p.
il n'y en a que 59. — Ces pièces sont de Solis et
de J. Amman.

523 — Sigismond Auguste, roi de Pologne (429).

524 — Orfevrerie, soucoupes, sujets ronds (433—434
—435—463—464—465). 6 p.

525 — Frises, bustes de rois et leurs femmes (436—
441—444—445—447—450 — 451 — 457 — 460—
461). — 10 p.

526 — Frises d'animaux (467 à 472). — 6 p.

527 — Bijouterie, pendants d'oreilles, boucles, agrafes et autres ornés de pierres fines et perles (494 à
513). Nous avons 28 p. de différentes suites. Nombre inconnues à Bartsch.

528 — Orfévrerie, aiguières, gobelets, vases, calices,
ciboires, etc. (514 à 530), manque (517, 518, 527).
15 p.

529 — Autre suite de vases, calices, etc., faisant suite
et *non décrits* par Bartsch. 20 p.

530 — Petits vases (531). 6 p. — Autres anonymes.
4 p. — 8 copies des petits vases et 2 grands. —
20 p.

531 — Poignards, deux poignées. — Gaîne. — 2 p.,
non décrites.

532 — Hauts et bouts de gaînes. 13 p., *non décrites.*—
Armoiries (550). — 14 p.

533 — **Pièces inconnues à Bartsch** et non décrites. — Adam. — Visitation. — Annonciation.
— Loth. — L'Amour et la Mort. — Cérès. — 6 p.

534 — Frises avec médaillons. 7 p.

535 — Frises avec chasses, animaux, figures, etc. —
35 p.

536 — Ornements, feuillages, etc. 7 p.

537 — Fragments d'orfévrerie. 8 p.

538 — Ornements blancs sur fond noir pour émail.
4 p. Très-belles avec marge.

539 — Copies d'ornements de diverses suites. 37 p.

540 — **Bois**, architecture, et objets divers. 25 p.

541 — Les figures de la Bible. 106.— Sujets imprimés
au verso et au recto, plus titre et frontispice.
1562.

542 **Soldot** (Gérard), 1610. OEuvres variées nécessaires aux orfèvres, nombre de détails d'ornements
en silhouettes.

543 **Sylvius** (Balthasar). Ornements d'entrelacs noirs
ou blancs. 7 p. originales. — 19 copies en tout.
26 p.

544 **Tempesta**. Cartouche formant titre. — Armoiries avec figures sur des ours et autre pièce d'ornements avec des ours. Ces 2 p. sont signées *P.*
Mariette, 1678. — 3 p.

545 **Toutin** (J.), 1618. Ornements pour orfèvres et
émailleurs, avec figures et costumes. 10 p.

546 **Treu** (Martin), B. IX. 68. Gaîne pour couteau et fourchette. 41. — Trois sifflets différents, 1540. Pièce non décrite. — 2 p.

547 **Venitien** (Aug.). Sacrifice d'Abraham. B. 5. Très-belle ép.

548 — Panneau d'ornement. B. 562.

549 — Panneaux d'ornements. B. 565 à 571 — 573 à 580—582—583. — 17 p.

550 **Vico** (Enée). B. XV, 339. Portraits de Charles-Quint. In-fol. dans un riche entourage d'architecture. 255. Très-belle ép.

551 — Vases, 420, et suite. 11 p.

552 — Panneaux de grotesques, 470, et autres. 4 p. — Chandeliers, 491, 492, 494. — En tout. 7 p.

553 **Vincilio** (F. de). Vénitien, 1587. Ouvrage de point coupé dédié à la reine, exécuté en bois. 95 p. 2 titres et 3 textes, une grande partie des pièces sont au verso et au recto ce qui augmente le nombre de figures. Rare.

554 — ? Ornamento nobile, ouvrage de point coupé dédié à la dame vertueuse, Venise. 21 p. en bois dont le titre. Rare.

555 **Vischer** (Joseph), 1560. Armoirie écartelée de trois hameçons, en cimier homme portant un hameçon.

556 **Vorsterman**. Portraits d'après Van Dyck. Théodore Galle graveur, avec G. H. — Charles de Mallery graveur, du cab. R. Dumesnil. — Corneille de Vos, avec Martin Vanden Enden. 4 p.

557 **Vovert** (Jehan), 1599. Pendeloque et bijouterie. 2 p.

558 G. W. **Weehter** (Georges). Pièces d'orfévrerie
de la plus grande richesse, verres à bière, à anses
et à couvercles, gobelets, vases, coupes, ciboires,
ensensoir, aiguière, etc. 24 p. Originales plus la
copie d'une pièce qui manqne.

559 P. W. **Weimer** (Pierre). Deux soldats causant
ensemble, non décrit.

560 N. W. **Wilborn** (Nicolas) 1534. B. VIII. 543.
Montant d'ornements (14)..— Frise avec deux enfants et deux figures de tritons ailés qui soutien-
nent un médaillon, pièce longue en travers non
décrite. —Gaîne de poignard 1536, on y remarque
Mars et Vénus qui tiennent la pomme, non décrite,
3 p.

561 **Woeriot** (Pierre) 1555. R. Dumenil VII. Antiquités (132, 140, 146, 152, 154).

562 — Portrait de Diego de Cobos, grand d'Espagne
(280).

563 — Jean Casimir, électeur de Bavière (288).

564 — Boucle d'oreille (329). — Pendloque avec Marc
Curtius (368). — Copie d'une poignée d'épée, 3 p.

565 — Bordures du texte d'un livre orné d'une F couronnée et de la salamandre, 150 feuillets imprimés
au verso et recto, les ornements en bois sont d'une
grande finesse et portent la petite croix de Lorraine.

566 M. Z. **Zagel** (Martin). B. VI. 471. — Le martyre
de S. Sébastien, 4.

567 — Sainte Catherine 11. Les coins du haut coupés.

568 — Le grand Tournoi, 14. Très-belle ép. endom-
magée.

Z

569 B. Z. 1581. **Zan** (Bernard). Ornements d'orfèvrerie. Coupes, vases, verres à bière à couvercles,
calices et autres objets, les contours formés de
points, 31 p.

570 **Zech** (Daniel) 1615. Orfèvrerie, 6 p. gravées
avec des points.

571 **Zund** (Mathias) 1569. M. Z. Armoiries, 2 p.

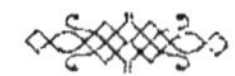

LIVRES A FIGURES

ARCHITECTURE, ETC.

572 AUDRAN (Gérard). Les proportions du corps humain. Paris, Joubert, 1801, cartonné.

573 BESSON (J.) Theatrum instrumentorum et machinarum Jacobi Bessoni Delphinatis mathematici, avec figures démonstratives, par Beroalde. Lyon, chez Vincent, 1578, fig.

574 BLOEM (Hans). Description des cinq ordres de colonnes, gravées sur cuivre par *Pierre Verbist*. Anvers 1642. Petit in-fol. fig., dos toile, non rogné.

575 BLOUET. Restauration des Thermes de Caracalla à Rome. Paris. Didot, 1828. Vol. in-fol. carton.

576 BLUMEN (Hans). Rusliche Saulenbuch. Livre de l'art des colonnes. Zurich Bodmer 1660. Vol. petit in-fol., nombre de fig. sur bois, broché en carton.

577 BOILEAU et BELOT. Traité complet de l'évaluation de la menuiserie, in-8 et atlas in-4, 1842; 2 vol. broché.

578 BOITARD. Traité des Jardins, 97 pl. et texte in-4, demi rel. oblong, 1825.

579 BOUCHET (Jules). La Villa Pia avec texte, par R. Rochette. Paris, Didot, 1838. — Vol. in-fol., pap. vélin, dos et coin mar. rouge.

580 — Maison du poëte tragique à Pompéi avec texte par Raoul Rochette. Paris, Leconte, 1828. Vol. in-fol., fig. pap. vélin, dos et coins mar. bleu non rogné. Exemplaire en double noir et en couleur.

581 BOUILLON (Pierre). Musée des Antiques. Paris, 1810-1827. — 3 vol. in-fol., papier vélin, fig., dos mar. rouge non rogné.

582 BRETEZ. Plan de Paris commencé sous les ordres de *Turgot*, 21 pl. 1740. — Vol. in-fol. reliure pleine, mar. rouge aux armes de la ville, tranche dorée.

583 BRITTON'S. The history and antiquities of the metropolitical church of York. London, Nattali, 1836; in-4, 34 pl. et texte anglais, carton. en toile.

584 — History of church of Cantorbury, 1836; in-4, fig. pap. vél., carton. en toile.

585 BULLANT (J.). Reigle generalle d'architecture, des cinq manières de colonnes, etc., suivant les règles de Vitruve, vol. in-fol., fig. en bois. Paris, Marnef, 1564, dos mar. brun.

586 CAUMONT (de). Histoire sommaire de l'architecture au moyen-âge, 1737-38; vol. in-8, texte et atlas in-4 oblong, cartonné en toile.

587 CAYLUS (comte de). Recueil d'antiquités égyptiennes, étrusques, grecques et romaines. Paris, Desaint. 1752-1767. — 7 vol. in-4, fig., rel, v. br. du cabinet *Boutourlin*.

588 COCHIN et BELLICARD. Observation sur les antiquités d'Herculanum; 2e édition, Jombert, 1755; in-12, fig. v. m.

589 CRESY (Edward). Pratical Treatise, on Bridge
Building. etc., 1839. — 19 pl. et 4 texte grand in-
fol. dans un portefeuille.

590 DEMIDOFF. Voyage dans la Russie méridionale et la
Crimée; 3 vol. grand in-8, fig. en bois dessinées
par *Raffet*. — Atlas in-fol. de 81 pl. d'Histoire
naturelle coloriées et 3 cartes; vol. in-fol. Les
4 vol. dos et coins mar. rouge, non rogné, dorés
en tête. *Heldt.*

591 DESGODETZ (Ant.). Les édifices antiques de Rome.
Paris, Coignard, 1682; vol. in-fol., fig. mar. rouge
tranche dorée.

592 — Les édifices antiques de Rome. Paris, Jombert,
1779; in-fol. fig. demi-rel., chaque page contient
des dessins à l'encre rouge et rectification de
M. Legrand et Molinos en 1785. On a ajouté 13 p.
par Silvestre.

593 DETOURNELLE. Nouveau Vignole ou trait, 1804;
vol. in-fol. fig., carton. à la Bradel.

594 DEZALLIER D'ARGENVILLE. Abrégé de la vie des plus
fameux peintres avec leurs portraits gravés. Paris,
Debure 1745-1752; 3 vol. in-4 vél. carton. orné
de 300 portraits.

595 DOULIOT. Cours élémentaire, 1re partie, Mathéma-
tiques. Paris, 1826, in-4, dos et coins m. v. non
rogné, avec planches *Spachman.*

596 DURER (Albert). Underweysung. Traité de géométrie
en allemand. Nuremberg 1525; grand in-4, grand
nombre de figures en bois dans le texte, carton.

597 FAMIN et GRANDJEAN. Architecture Toscane; vol.
in-fol. non rogné carton.

4

598 Félibien et Lobineau. Histoire de la ville de Paris. — 1725 — 5 vol. in-fol,, dos et coins de mar. rouge non rogné.

599 Feuchère (Léon). L'art industriel gravé par Varin frères. Paris, Goupil 1842. — 73 pl. in-fol. et 2 feuilles de texte en feuille dans un portefeuille.

600 Fontaine. Histoire du Palais-Royal, in-4, texte et 61 pl. dos de mar. bleu non rogné.

601 Fourneau (Nicolas). L'Art du trait de charpenterie. Paris, Didot, an x. 1802 — 1807. — 4 vol. in-fol., dos de veau.

602 Gautier (René), Angevin. Invention nouvelle et briève pour réduire en perspective, La Flèche, G. Griveau, 1648. In-4. avec planches.

603 Gauthièr. Les plus beaux édifices de la ville de Gênes. 2 vol. in-fol. 1832, dos et coins m. r. non rogné.

604 Gerard. Vues pittoresques de Westmorland etc., par Th. Allom. Londres, Fisher, 1833. — 3 vol. in-4, pap. vél. fig. cart.

605 Girault de Prangey. Essai sur l'architecture des Arabes et des Maures en Espagne. Paris, Hauser, 1841. Grand in-8, pap. vél. fig. broché.

606 Grivaud de la Vincelle. Recueil de monuments antiques, la plupart inédit, et découvert dans la Gaule. Paris, 1817. 2 vol. in-4. et atlas de fig., dos en veau.

607 Hancarville (d'). Antiquités étrusques, grecques et romaines. tirées du cabinet d'Hamilton, Naples, 1766, 67. — 4 vol in-fol. fig. coloriées, carton. non rogné, édition originale.

608 HARDING et PROUT. Le Compagnon des jeunes ar-
tistes. Recueil d'études d'arbres et autres pour le
paysage. 36 pl. lithog. in-4, dos et coins m. bleu.

609 HEBELMAN (H). Architecture d'après J. Gucheisen.
Arabesques, portes, monuments, colonnes, lits, etc.
120 p, datées 1596 — 1599 — 1609. Grand in-4, dos
mar. corinthe.

610 HITTORFF. Antiquités inédites de l'Attique et
d'Athènes. 1 vol. in-fol., fig. carton. 1832.

611 — Et ZANTH. Architecture moderne de la Sicile
1835. Exemp. pap. vélin en feuille dans un gr. in-fol.

612 HOREAU Panorama d'Egypte et Nubie, 39 p. coloriées et avec vignettes dans le texte dans un
portefeuille.

613 HUSSON. Éloge historique de Callot. In-4, Bruxelles,
1766. rel. v. m.

614 JOUSSE (Mathurin). Le Théâtre de l'art du char-
pentier, enrichi de diverses figures avec interpré-
tation d'icelles, La Flèche, Georges Griveau, 1627.
Vol. petit in-fol. de 176 pages gravures en bois, le
titre est à l'eau-forte, avec le brief traicté des cinq
ordres. 14 pages, dos et coins mar. vert non rogné
Vogel.

615 — Le Secret d'architecture, par M. Jousse, de La
Flèche, G. Grivaud, 1642. Petit in-fol., avec grand
nombre de fig. en bois, broché en parchemin.

616 LANGLOIS (E. H.). Description historique des mai-
sons de Rouen, 1821. Orné de 21 pl. inédites,
in-8, broché non coupé. — 2ᵉ vol., par Delaque-
rière. Rouen, 1840, orné de 19 pl. in-8, broché
non coupé.

617 LASSALLE et ROUSSEAU. Promenades pittoresques aux cimetières du Père-Lachaise, Montmartre, etc. Lithog. Paris, 1835. 19 liv. dans un portefeuille.

618 LE MARQUANT. Description du château d'Anet, in-12, à Chartres, 1776. Rel. m. r. filets tranche dorée.

619 LENOIR. Rapport historique sur le château d'Anet. In-fol. de 3 feuilles de texte et 1 planche carton.

620 LENOIR. Musée des monuments français. 6 vol. in-8. Paris, 1800 — 1803, relié en veau.

621 LENOIR (A.). Musée impérial des monuments français. Paris, 1810, in-8, broché. — Observation sur les offrandes que les anciens faisaient de leur chevelure, soit aux dieux, soit aux morts. Paris, 1818, in-8, dos et coins bas.

622 LEPAUTRE (Antoine). OEuvres d'architecture. In-fol. Paris, Jombert, 60 pl. titre et 2 portraits dont celui de Nanteuil, veau.

623 LEPAUTRE (Jean). OEuvre d'architecture. 3 vol. in-fol. Paris, Jombert, 1751. Composés de 787 pl. On a ajouté à chaque volume des pièces pour complément. Frises, portes, candelabres, plafond, etc., etc.

624 LETAROUILLY. Edifices de Rome moderne. Paris, Didot, 1840. vol. in fol., fig. papier vélin, dos et coins m. r. non rogné. — Vol. in-4, texte dos et coins m. bleu.

625 LUCOTTE. — L'Art de la maçonnerie. Paris, 1783, in-fol. dos veau.

626 MANDAR. Etudes d'architecture civile. Paris, Carilian, 1826. Vol. in-fol. fig., dos et coins mar. Corinthe non rogné.

627 Marot (Daniel), architecte. Recueil de pendules,
  boîtes de montres, bijouterie, broderie, panneaux,
  plafonds, berceaux et treillages, vases, perspectives, jardins, tombeaux, bassins, fontaines, che-
  minées, intérieurs, alcôves, lits, meubles, arabesques. 114 p., vol grand in-4; dos mar. corinthe.

628 Marot (Jean). Recueil des grands édifices de France
  dit le *grand Marot*. 201 p. vol. dos et coins mar. vert.

629 Millin. Dictionnaire des Beaux-Arts. Paris, Cra-
  pelet, Desray, 1806, — 3 vol. in-8, dos et coins
  mar. rouge non rogné. *Vogel*.

630 — Les Beaux-Arts en Angleterre. Paris, Buisson,
  1807. — 2 vol. in-8, dos et coins mar. r. non
  rogné. *Vogel*.

631 — Introduction à l'étude des pierres gravées,
  1796.
      — Pierres gravées. 2ᵉ édition aug., 1797.
      — Int. à l'étude des médailles. 1796.
      — Int. à l'étude des monuments antiques. 1796.
          — 4 vol. in-8, brochés.

632 — Galerie Mythologique, avec 190 planches au
  trait, contenant près de 800 monuments antiques, dont plus de 50 inédits. 2 vol. in-8, Paris,
  1811. Carton.

633 Montfaucon (Bernard de). L'antiquité expliquée.
  1719 — 1724, 15 vol. — Les Monuments de la
  monarchie française, 5 vol. — en tout, 20 vol.
  in-fol., v. m.

634 Morisot. —Tableaux détaillés des prix des ouvrages
  de bâtiment. Paris, 1814 — 1828. — 7 vol. in-8,
  fig. dos et coins m. corinthe non rogné.

635 Nicolay (Nicolas de), Daulphinois. Discours et histoire véritable des navigations et voyages faits en Turquie. Avec figures, costumes en bois. Anvers, 1586, in-4, carton. en parch.

636 Orloff. Essai sur l'histoire de la peinture en Italie, depuis les temps les plus anciens jusqu'à nos jours. Paris, Bossange, 1823. — 2 vol. in-8, brochés.

637 Palladio (André). Les bâtiments et les dessins recueilli par Bertolli, texte italien et français. Vicence, 1776 — 1783. — 4 vol. Les Thermes des Romains, 1 vol. — en tout, 5 vol. in-fol., dos veau.

638 Pommereul. De l'Art de voir dans les beaux-arts. Paris, 1798, in-8, dos et coins m. r. non rogné. *Vogel.*

639 Quatremere de Quincy. Recueil de notices lues à l'Académie des beaux-arts. Paris, 1834 — 37. 2 vol. grand in-8, dos et coins m. r. non rogné. *Vogel.*

    — De l'Architecture égyptienne, dissertation en 1785. Paris, 1803, in-4, dos m. vert. 18 planches non rogné.

640 Quatremere de Quincy. Histoire de la vie et des ouvrages de Michel-Ange Buonaroti, avec portraits. Paris, 1835, vol. in-8, pap. vél. dos et coins m. v. non rogné. *Vogel.*

641 Roland de Virloys. Dictionnaire d'architecture, Paris, 1770, 3 vol in-4, enrichi de 101 pl. en taille douce, veau m.

642 Sagredo (Diego de). Raison d'architecture antique, Paris, Simon de Colines, 1539. In-8, fig. en bois de Jolat, dos m. bleu.

643 SAINT-NON. Voyage pittoresque de Naples et Sicile, Paris, 1781. 5 vol. in-fol., fig., dos et coins m. r. n. rog. Bel exemplaire, la planche rare s'y trouve.

644 SERLIO (Sébastien). Tutte l'Opere d'architectura, da D. Scamozzi venetia, 1584, vol. in-4. Très-grand nombre de fig. en bois broché parchemin.

645 SEROUX D'AGINCOURT. Recueil de fragments de sculpture antique en terre cuite, Paris, 1814, in-4, fig. 37 et le portrait, papier vélin, dos et coins m. r. n. rogné.

646 SOSSON. La Syrie, la Terre Sainte, l'Asie mineure illustrées par Bartlets et Autin, Londres, Fisher, 3 vol. in-4, pap. vél. cart. 121 pl. sur acier.

647 STEINGRUBER. Architectonisches-alphabet, 30 vues et plans de palais avec notice. 2 vol. in-fol., 1773, dos et coins m. corinthe n. rog.

648 STUART et REVETT. Les antiquités d'Athènes, vol. 1, 2, 4., 3 vol. cart., fig., 1808.

649 TARDIEU (Amb.). Colonne de la Grande-Armée, Paris, Didot, 1822. In-4, d.-rel., n. rog.

650 TOUSSAINT. Traité de géométrie et d'architecture, Paris, 1821. 2 vol in-4, fig., d.-rel. Nombre de notes et additions manuscrites.

651 TOUSSAINT (de Sens). Memento des architectes, Paris, 1824 — 1839. — 7 vol., fig., dos et coins m. r. n. rog.

652 VASARI. Vies des peintres, sculpteurs et architectes les plus célèbres traduites de l'italien, Paris, Boiste, 1803 — 1806. — 3 vol. in-8. Portr. grav. par Boichot, dos et coins m. violet n. rog.

653 Vignier. Le Château de Richelieu, 2e éd., Saumur, 1681. In-12, rel. v.

654 Vignola. Regola delli cinque ordini d'architettura libro primo et originale, Rome, 1773, fig. 52, de plus la colonne torse et 2 vues du Caprarole. In-f., dos parchemin.

655 Vignole. OEuvres complètes, Paris, Didot, 1815. Vol. in fol., dos m. f. n. rog. — 5 plans et vues des jardins de Caprarole. 36 p., titre et portraits, faits de Farnèse, peint par les Zuccaro et gravé par Prenner.

656 Vitruve, Di Lucio Vitruuio Pollione di architectura libri dece traducti de latino in vulgare affigurati, etc. De l'architecture, par Vitruve, deux livres traduits du latin, avec annotations, et nombreuses fig. sur bois, 183 feuillets (Edition très-rare non citée par les bibliographes.). Vol in-fol., ne la cita de Come, 1521, dos et coins m. r. nerfs, n. rog, *Simier*.

657 Vitruve. Les dix livres d'architecture avec notes et figures et augmentée par C. Perrault, Paris, Coignard, 1684, vol. in-fol.

658 Vivenel (Antoine-François-Emile). Géométrie descriptive, manuscrit de 42 pl., in-fol., dos mar. brun n. rog.

659 Vordsworth. La Grèce pittoresque et historique traduit de l'anglais par Regnault, Paris, 1841. Très-grand in-8, pap. vél., fig., m. vert n. rog. *Vogel*.

660 Zanini. Della architettura libri due, Padoua, 1629, in-4, fig. sur bois, rel. en vélin.

DIVERS

661 Croniqve sommairement traictée des faictz héroïques de tous les Rois de France, Lyon, par Clément Baudin, 1570, avec portraits gravés par le maître au monogramme C. C. En plus se trouve Henri II et François II.

662 HENRI IV. Son assassinat, par Boutats. — Ravaillac en pied, Van Sichem. Henri IV sur son lit de mort, par Briot, entouré du texte. — Statue. — Son portrait et sa mère, par Schenker. — In-4 ovale dans le goût de Galle. — Les 3 pièces d'après Bollery, par Jean Leclerc. Son entrée. — Son arrivée à Notre-Dame. — Sortie des garnisons étrangères. — Très-belles ép., avec texte. — Jeanne d'Albret. Ant. de Bourbon. — Henri IV et sa femme. — Sa sœur. — 18 p.

663 Imprese nobili et ingeniose. Devises nobles des princes et personnages illustres, par L. Dolce et autres. 35 cartouches avec emblèmes, Venise, 1578. In-4, veau.

664 La Citta di Roma divisé en 4 tomes et orné de 325 fig., 1779. — 4 vol. in-fol., dos en toile, non rognés.

665 Choix des monuments les plus remarquables des anciens, Rome, Bouchard, 1788 — 1789. — 2 vol. in-fol., fig., dos et coins m. r. n. rog.

666 La Danse des morts, comme elle est dépeinte à Basle, d'ap. l'original de feu M. Merian. In-4, Basle, 1756, rel. v. m.

667 Monumento illustrium; recueil de tombeaux l. A., probablement Josse Aman, 121 p. et titre. In-4, v.

668 La Gnomonie universelle, Paris, Jombert, 1701. In-8, rel. v.

669 Ornements dédiés à la princesse Marie, publié par l'eflorenne. 145 p. Ep. sur chine, in-4, dos et coins en vélin blanc, n. rog.

670 Sculpture del Palazzo della villa Borghese, Roma, 1796, 2 vol. in-8, fig., d.-rel.

671 Modèles de menuiserie, Paris, Bance, 1825, in-fol., dos et coins. v. — Fermes modèles, par Roux. in-fol., Bance, 1843, br. — Album des fers de la Société de la Providence.

672 Traité du voisinage, par Fournel, 2 vol in-8, 1812. — Lois des bâtiments, par Lepage, 2 vol in-8, 1828. — Lois sur la voierie, supplément par Davenne, 2 vol. in-8, 1830. — Code des architectes, par Fremy-Ligneville. in-8, 1837, dos et coins m. corinthe. — Code de la voierie des villes et villages, par Daubanton, in-8, 1836, dos et coins m. corinthe. — Moniteur des architectes. — Cours de dessin linéaire. — Code de construction, par Perrin, in-8, br., 1854. — Guide des architectes, vérificateurs, entrepreneurs, in-4, cart. — Dictionnaire raisonné d'architecture, par Violet Leduc, 1er vol. et livraisons. — Le Laurentin, par Haudebourt, avec planches, in-4, 1838. — Manuel ou histoire générale de l'architecture, par Daniel Ramée, 2 vol. in-8, 1843, broché. — Cours d'architecture, par Daviler, 2 vol. in-4, 1691. — Architecture pratique, 1762. — Winckelman, histoire de l'art, 1 vol., in-4. Lettres sur Herculanum.

LITTÉRATURE, ETC.

673 ARAGO. Voyage autour du monde ou Souvenir d'un aveugle, Paris, 1840, 4 vol. in-8 brochés.

674 BARBIER. Dictionnaires des Anonymes, 2ᶜ édition, 1822-24, 4 tomes en 2 vol. in-8, dos m. brun, non rogné.

675 BAYLE. Dictionnaire historique et critique, 5ᵉ édit., 1740, 4 vol. in-fol. n. rog., dos et coins rouges.,

676 BITAUBÉ (Joseph). Poëme, 5ᵉ édit., Paris, Didot, 1786, 2 tomes en 1 vol. in-18, pap. vél., fig. de Marillier, m. violet riche, rel. de *Thouvenin*, non rogné, lavé, réglé.

677 DAMOURS. Lettres de Ninon de Lenclos au marquis de Sévigné, Amsterdam, 1768, 2 vol., in-12 rel. v. brun, aux armes, avec portrait.

678 DELILLE. OEuvres complètes. Nouvelle édit., Paris, Michaud, 1824. 16 vol. in-8, gr. pap. vél., fig., broché.

679 DUFOUR et DUVOTENAY. Atlas universel, vol. in-fol., dos m. vert

680 DULAURE. Histoire abrégée des Cultes, 2e édition, Paris, 1825, 2 vol. in-8, brochés. — Histoire de Paris, continuée jusqu'à nos jours, par Leynadur. nouvelle, édition ornée de gravures en bois dans le texte, Paris, Boisgard, 1856-58, 5 vol. in-8 brochés.

681 FREMAUX (Léon). 1843. Recueil de chansonnettes illustrées. Manuscrit orné de figures et d'ornements, aquarelles, d.-rel., v.

682 Galland. Cours d'instruction à l'usage des demoi-
selles. 7 vol. in-8, carton.

683. Gessner (Salomon). OEuvres. Paris, Renouard.
4 vol. in-8, pap. vél., fig., broché.

684 Gorjy. Victorine, par l'auteur de Blancay. Paris,
Guillot, 1789. Dédié à la comtesse d'Artois. 2 vol.
in-18, pap. vél., rel. m. v., fil., tr. d. Aux armes
du comte d'Artois.

685 Grandchamp. Le Télémaque moderne, ou les in-
trigues d'un grand seigneur pendant son exil.
Cologne, à la sphère, A. d'Egmond, 1701. Petit
in-12, rel. m. olive, fil., tr. d., n. rogn. *Koehler.*

686 Hammer (De). Histoire de l'empire ottoman depuis
son origine jusqu'à nos jours. Traduit de l'allemand.
Paris, Bellizard, 1835-1838. 12 vol. in-8. Dos et
coins, mar. rouge, n. rogn., Vogel, et atlas de
cartes et plans de batailles, in-fol., carton.

687 Labruyère. Les Caractères, suivis des Caractères
de Théophraste. Paris, Lefèvre, 2 vol. in-8, 1824.
in-4, avec portrait, carton.

688 Landais (N.). Grammaire générale. 3e édition. Paris,
1841. In-4, dos et coins, mar. corinthe, non rogné.
Vogel. — Dictionnaire général. Paris, 1841. 2 vol.
dos et coins, mar. vert, non rogné. *Vogel.*

689 La Rochefoucauld (Mémoires du duc de), aug-
menté de la 1re partie. Paris, Renouard, 1817.
2 vol. in 12, pap. vél., fig., broché.

690 Lesage. Atlas historique, généalogique, etc.
33 feuilles in-fol. et le frontispice. Fastes Napo-
léoniens, 1808. Pap. vélin, dos et coins, mar. r.,
non rogné. En plus, Généalogie de Las-Cases,
addition importante, Allemagne, Europe, États-
Unis, en papier ordinaire.

691 LESCONVEL. La comtesse de Châteaubriant, ou les effets de la Jalousie. Amsterdam (Rouen), Jean Garrel. 1695. In-12, rel. en veau, fil., tr. dorée. *Koehler.*

692 LESSON. Histoire naturelle générale et particulière des mammifères et des oiseaux, etc. Paris, Pourrat, 1834-1836. 10 vol. in-8, pap. vél., carton. non rogné.

693 LUCAS. Histoire naturelle des lépidoptères. Paris, Pauquet, 1835. Vol. in-8, pap. vél., fig. coloriées, dos de mar. Corinthe, non rogné. — Atlas du dictionnaire d'histoire naturelle en feuille.

694 MERCIER, de Compiègne. Mon serre-tête ou les après-soupers d'un petit commis. 1788, à Frivolopolis. — Eloge de quelque chose suivi de l'éloge de rien. 1795. — Gaieté d'un bâtard de Mirabeau. Eloges du pou, de la boue et de la paille, an VII. — Gérard de Velsen. 1795. — Ismaël et Christine. 1795, fig., rel.

695 MERLIN (Mme la comtesse de). Histoire de la sœur Inès. Episode de mes douze premières années. Paris, 1832. In-12, pap. vél., dos de mar. violet, non rogné. Rare.

696 NOEL. Dictionnaire de la Fable. Paris, 1803. 2 vol. in-8, pap. vél., fig., dos et coins mar. rouge, non rogné. *Thouvenin.*

697 PARIVAL (J.-M. de). Histoire facétieuse et morale, avec quelques histoires tragiques. 3e édition augmentée. Leyden, 1669. Vol. in-12, v. éc., fil., tr. d.

698 PERROT. Dictionnare universel de géographie moderne. Nouvelle édition. Paris, 1837. 2 vol in-4,
fig., dos et coins mar. vert, non rogné, 59 cartes
coloriées.

699 PERROT. Nouvel atlas du royaume de France Paris,
1827. Vol. in-fol. oblong, pap. vél., dos et coins
mar. olive, non rogné.

700 PHILOMNESTE. Le Livre des singularités par *G. Pci-
gnot.* Dijon, Lagier, 1841. In-8, br.

701 POLIPHILI (Fr. Columna). Hypnerotomachia ubi
humana omnia non nisisomnium esse docet. *Vene-
tiis mens decembri M. ID. in ædibus Aldi Manutii.*
Édition complète en italien commencée en 1467 et
publiée en 1500, avec de très-belles gravures en
bois; la planche rare s'y trouve. Très-beau et rare
vol. in-fol., dos et coins mar. bleu, non rogné.
Simier.

702 POLIPHILE. Discours du Songe, nouvellement traduit de l'italien, mis en lumière par J. Martin.
Paris, Jacques Kerver, 1554. Vol. in-fol, fig. en
bois; la planche rare s'y trouve, dos et coins mar.
rouge. *Simier.*

703 PRÉVOST (L'abbé). Histoire de Manon Lescaut, illustrée par T. Johannot, fig. en bois sur Chine.
Paris, Bourdin, in-8, br., non coupé.

704 RENNEVILLE. L'Inquisition française, ou l'histoire
de la Bastille. 5 vol. in-12. Amsterdam, 1719.
broch.

705 ROURE (Marquis du) Analectabiblion. Paris. 1836-
37. 2 vol. in-8, dos et coins mar. rouge, non
rogné.

706 Rousseau (J.J.). OEuvres inédites, suivie d'un supplément à l'histoire de sa vie, etc., par Musset
Pathay. Paris, 1825. 2 vol. in-8, pap. vél., dos
mar. bleu, non rogné.

707 Vannel. Les Galanteries des rois de France. A Cologne, chez Pierre Marteau. 3 vol. in-12, fig.. dos
et coins mar. olive.

788 Verville (Béroalde de). Le Palais des curieux (at-
tribué). Paris, Guillemot, 1612. In-12, rel en veau.

709 Voltaire. OEuvres complètes. Paris, Renouard,
1819-1822; 66 vol. in-8, grand pap. vél., dos et
coins mar. violet, non rogné. *Héring.*

Ce magnifique exemplaire est enrichi : 1° de la seconde suite de
vignettes de Morea , avant la lettre ; — 2° de la suite complète de
80 dessins originaux de Desenne ; — 3° des 80 vignettes de Desenne,
avant la lettre, sur Chine ; — 4° de 4 dessins originaux inédits ; —
5° Couronnement et apothéose de Voltaire, par Couché, avant la
lettre et autres portraits ajoutés ne faisant pas partie de l'édition ;
6° lettre autographe de Voltaire, adressée à Raynal, Lunéville,
20 juillet ; — autre, signée, adressée à M. Mairan, Bruxelles, 12 mars
1741. — Lettre autographe du duc de Richelieu à Voltaire,
14 décembre 1750. — Lettre autogr. et signée , de Frédéric II
à Voltaire, Berlin, 7 juillet 1739. — Autre, 18 juin 1742, avec
copie manuscrite ; — voir Brunet qui parle de cet exemplaire,
vendu 3,100 fr., à la vente Jacob, en 1820.

DIVERS

710 Les Cent Nouvelles nouvelles. 2 vol. in-12, fig. de
Romain de Hooge, dos et coins mar. rouge, non
rogné.

(On dit Louis XI l'auteur de cet ouvrage.)

711 Le Gage touché, histoires galantes et comi-
ques, ornées de figures en tailles douces. Paris,
chez P. de Witte, 1712. 2 tomes en 1 vol. petit
in-12. Rel. m., r. fil. tranche dorée. *Muller*.

712 Les Pensées facécieuses et les bons mots du
fameux Bruscambille, comédien original. Cologne,
Savoret, 1741. In-12. Rel. en veau, aux armes.

713 L'Examen des confessions du comte de D...,
par le révérend père P..., cordelier, 1742. In-8.
Dos de v. brun, non rogné. *Kœhler*.

714 L'Art de vérifier les dates, par les Bénédictins
et sociétés de savants, 3ᵉ édition, 3 vol. in-fol.,
1783. Demi-rel., non rogné.

715 Répertoire de la littérature ancienne et moderne. Paris, Castel de Courval, 1824 — 1825,
40 vol. in-8. Dos et coins de mar. bleu non rogné,
plus 1 vol. de tables. *Vogel*.

716 L'Improvisateur français, par S... (de l'Oise),
1804 à 1806. 21 vol. in-8. Dos et coins mar. bleu.
A. Closs.

717 La Pologne illustrée. In-4. Fig. pap. vél., carton.
non rogné.

718 Les Aveux d'une femme galante, 1783. — Mon
journal d'un an, par d'Ormoy. — Et Une de plus,
1803.— Demence de Madame de Panor. — Étren-
nes de la vertu. — Fragments. — A mon frère.—
Horace, traduit par Goupy.— Laure de Pétrarque,
par d'Olivier Vitalis. — Bibliothéconomie. — Lettres sur la danse. — Histoire de la danse. — De
la danse, par Moreau de Saint-Méry. — Lettres
de Fanni Butlerd. — Almanach perpétuel. —
Cours de littérature. — Les Leçons de l'Histoire,
11 vol., — etc., etc.

LIVRES SUR LES ARTS

ET CATALOGUES

719 BARTSCH (Adam). Le Peintre graveur. Vienne, 1802—1821. 21 vol. et un cahier de 16 pl. copies des pièces rares. Broché.

720 BASAN. Catalogue raisonné du cabinet de feu Mariette. Paris, 1775. In-8, v. m.

721 BRULLIOT. Dictionnaire des monogrammes, 1832. 3 vol. in-4. Dos de mar. noir, non rogné.

722 CHRIST. Dictionnaire des monogrammes. Paris, 1750. In-8. Rel. v. m. avec planches.

723 DUCHESNE. Essai sur les nielles. Paris, 1826. In-8, avec fig., dos veau bleu. — Notice des estampes exposées à la Bibliothèque royale, 1841. 3e édit.

724 FLORENT LE COMTE. Cabinet des singularités d'architecture, peinture, sculpture et gravure, 1699—1700. 3 vol. in-12. Rel. en veau

725 GERSAINT (OEuvres de). Différents catalogues de collections de coquilles, tableaux, estampes, Quentin de Lorangère, Bonnier de la Mosson, de la Rogue, Augran, Godefroy, de Valois, etc. 3 vol. in-12. Rel. en veau.

726 HEINECKEN. Idée générale d'une collection complète d'estampes avec dissertation sur l'origine de la gravure et sur les premiers livres d'images. Liepzick et Vienne, 1771. In-8. Fig , dos mar. violet, non rogné. Assez rare.

727 JOMBERT (Ch.-Ant.). Essai d'un catalogue de l'œuvre de Labelle. Paris, 1772. Vol. in-8. Fig., relié en veau, aux armes, tranche dorée.

728 — Catalogue raisonné de l'œuvre de Sébastien Leclerc. Paris, 1774. 2 vol. in-8 Veau marbre.

729 LEBER. Catalogue de sa bibliothèque. Paris, 1839-1840. 3 vol. Brochés.

730 LE BLANC (Ch.). Manuel de l'amateur d'estampes. Paris, 1854. In-8. — 8 liv. brochées en 2 tomes et la 9ᵉ brochée.

731 MARIETTE (P.-J.). Description sommaire des desseins du cabinet de feu M. Crozat. Paris, 1741. In-8. Veau m.

732 MEAUME. Recherches sur la vie et les œuvres de Jacques Callot. Paris, Renouard, 1860. — 2 vol. in-8 Broché.

733 OTTLEY (William young). Notices of engravers and their works being the commencement of a new dictionary. Vol. in-8. London, 1831. Carton.

734 RENOUARD. Catalogue de la bibliothèque d'un amateur avec notes. Paris, 1819. 4 vol. in-8. Carton.

735 ROBERT-DUMESNIL. Le Peintre graveur français. Paris, 1835—1850, avec pl. explicatives. 8 tomes en 4 vol. Dos veau violet.

736 Bulletin du Bibliophile, 1834—1844. — 9 vol. in-8. 1834 à 1841. 6 vol. Dos et coins mar. puce, Wagner, 1842, broché. 2 vol., carton. 1844, en feuille, le tout non rogné.

737 Catalogue des livres en très-petit nombre qui compose la bibliothèque de Mérard de Saint-Just. Paris, Didot, 1783. In-12. Broché.

738 Catalogue raisonné de livres relatifs aux arts, pein-
     ture, sculpture, gravure et architecture réunis,
     par **M. Jules Goddé. Paris, 1850.** Exemplaire
     grand papier in-4. dans un portefeuille.
739 Catalogue de la bibliothèque Vivenel. Broché.
740 — Autre exemplaire sur papier bleu.
741 Catalogues des collections Debois, Van Hultem,
     Gilbert, Lassus, etc , environ **25.** Sera divisé.
742 Catalogues des musées de Paris, Louvre, Sauva-
     geot, Médailles, Cluny, Luxembourg, Nantes,
     Havre, etc., environ **20.** Sera divisé.
743 Musée de Compiègne. — Journaux, demi-rel. m.
     bleu. *Heldt.*
744 Cartons et portefeuilles.

Renou et Maulde, imprimeurs de la Compagnie des Commissaires-Priseurs,
rue de Rivoli, 144.   13690

PORTRAITS EN BISTRE

Collections de Portraits inédits ou rares de Personnages célèbres

REPRODUITS NOUVELLEMENT PAR LA GRAVURE

Publiés par VIGNÈRES, M^d d'Estampes

Rue de la Monnaie, 13, à l'entresol, entrée rue Baillet, 1.

—••◦•➤ ◉ ◄•◦••—

ALBANY (Louise-Max. de Stolberg, comtesse d').	Gravée par Varin.
AMOROS, colonel, fondateur de la gymnastique en France.	id.
ARGOUT (Antoine-Maurice-Apollinaire, comte d').	J. Porreau.
BABEUF (F.-N.-Gracchus), journaliste.	id.
BARÈRE (Bertrand), de Vieuzac, conventionnel.	id.
BEAUHARNAIS (comtesse Stéphanie de), poète, romancière.	Sisco.
BERRUYER, général, commandant des Invalides.	J. Porreau.
BERTRAND DE MOLLEVILLE, marquis, ministre, littérateur.	id.
BIÈVRE (marquis de), célèbre auteur de calembourgs.	id.
BLANCHARD (Madeleine-Sophie-Armand, Madame), aéronaute.	id.
BONJOUR (Casimir), auteur dramatique.	id.
BORGHÈSE (Camille-Philippe-Louis), prince.	id.
BOSSUT (Charles), mathématicien.	id.
BRAZIER (Nicolas), auteur dramatique, d'après Marlet.	id.
BRISSOT (J.-P.), de Varville, conventionnel.	id.
CANCLAUX (J.-B. Camille, comte de), général, pair.	Massard.
CAYLA (comtesse de), née Talon, d'après le baron Gérard.	J. Porreau.
CLOUET dit JANET, (François), peintre de portraits.	id.
COCHON, comte de l'APPARENT, conventionnel, ministre.	id.
DEBUREAU, acteur des Funambules, Pierrot.	id.
DE FERMONT (comte), député, conseiller d'État.	Normand.
DEVIENNE, actrice, Théâtre Français.	J. Porreau.
DONADIEU, baron, général de division.	id.
DORAT-CUBIÈRES-PALMEZEAUX, poète, auteur dramatique.	id.
DROZ (Joseph), littérateur, académicien.	id.
DUCHESNE aîné, conservateur du cabinet des estampes.	id.
DUCOS (Roger), avocat, constitut., 3e consul provisoire.	Devritz.
ÉLIE DE BEAUMONT, avocat au Parlement de Paris.	J. Porreau.
EMPIS (Adolphe), auteur dramatique.	id.
EPAGNY (d'), poète dramatique.	id.
FABRE DE L'AUDE (c^{te}), député, pair, littérateur.	id.
FIÉVÉE (J.), littérateur, auteur dramatique.	id.
FRÉRON (Louis-Stanislas), conventionnel.	id.
FROCHOT, comte, préfet, député.	id.
GARNERIN (A.-J.), inventeur du parachute.	id.
GARNERIN (Élisa), aéronaute.	id.
GAUDIN, duc de Gaëte, ministre des finances.	id.
GENLIS (A. Brulard, comte d'), cap. des gardes, convent.	id.
GEOFFROY (J.-L.), critique, journaliste.	Varin.
GODOI (don Manuel), prince de la Paix.	

Gouffé (Armand), chansonnier, vaudevilliste.   J. Porreau.
Guimard (Mademoiselle), danseuse.   id.
Jouffroy (Théodore-Simon), professeur, académicien.   id.
Jousselin de Lasalle, homme de lettres.   id.
Kant (Emmanuel), philosophe allemand.   Bracquemond.
Lainé (J.-H., vicomte), ministre et académicien.   J. Porreau.
Lamballe (princesse de), dess. d'ap. nature par Gabriel.   id.
Lasource (M.-David-Albin de), député du Tarn.   id.
Lavallière (L.-F. de la Baume, duchesse de).   id.
Lucotte (Edme-Aimé), lieut.-général, comte, né à Dijon.   id.
Marat, à la tribune, dess. d'après nature par Gabriel.   id.
Martin (Louis-Aimé), littérateur.   id.
Mazères (Édouard), auteur dramatique.   id.
Mesmer, auteur du magnétisme animal.   id.
Mézerai, actrice, Théâtre-Français.   Normand.
Orléans, duc de Montpensier (Ant.-Philippe d'), 1773-1807.   J. Porreau.
Persuis (L. Loiseau de), musicien, d'ap. Pierre Guérin.   id.
Petiet (Claude), député, ministre de la guerre.   id.
Philidor (André-Danican), musicien, auteur du jeu d'échecs.   id.
Pilon (Germain), sculpteur, 1550.   id.
Pixérécourt (Guilbert de), fac-simile, d'après J. Boilly, in-4.   id.
Pongerville (Sanson de), académicien.   id.
Pontus de la Gardie, général en Suède.   id.
Ramel Nogaret, ministre des finances, préfet.   id.
Reveillère-Lepaux, botaniste, théophilanthrope.   id.
Robert-Lindet, député, conventionnel, ministre.   id.
Romme (Gilbert), conventionnel.   id.
Rouget de l'Isle, auteur de *la Marseillaise*, musicien.   Varin.
Saint-Huruge (marquis de).   J. Porreau.
Saint-Prix, acteur, Comédie-Française.   id.
Saint-Simon (Claude-H., comte de), philosophe.   Perrot.
Silvain Maréchal, poète et littérateur.   Devritz.
Tallien (Madame), née Cabarus, d'après le baron Gérard.   Massard.
Treilhard (J.-B., comte), député, ministre, etc.   J. Porreau.
Tronson du Coudray, avocat, du Conseil des Anciens.   id.
Vadier (A.), député aux États-Généraux.   id.
Yatout (J.), poète, académicien, bibliothécaire.   Varin.
Vigée (L.-G.-B.-E.), poète et auteur dramatique.   J. Porreau.
Cartouche (Louis-Dominique), fameux voleur.   Lallemand.
Mandrin (Louis), fameux contrebandier.   Delaistre.

Chaque portrait pouvant entrer dans un in-8° est tiré in-4°.
Avec la lettre, papier blanc, 1 fr.; papier de Chine, 1 fr. 25 c.
Avant la lettre, papier blanc, 1 fr. 50 c.; papier de Chine, 2 fr.
Dont il n'est tiré que 20 épreuves blanc et 5 Chine.

Afin de faciliter les recherches des Amateurs de portraits, soit pour les illustrations, soit pour les collections d'autographes ou autres, *deux Catalogues détaillés* de quelques collections de portraits qui peuvent se trouver chez moi, classés par ordre alphabétique, sera remis aux personnes qui en feront la demande affranchie.

Paris. — Imprimerie Renou et Maulde, rue de Rivoli, 144.   13890